Tucholsky Wagner Zola Scott Sydow Fonatne Freud Schlegel
Turgenev Wallace
Twain Walther von der Vogelweide Fouqué Friedrich II. von Preußen
Weber Freiligrath
Frey
Kant Ernst
Fechner Fichte Weiße Rose von Fallersleben Richthofen Frommel
Hölderlin
Engels Fielding
Fehrs Faber Flaubert Eichendorff Tacitus Dumas
Eliasberg Ebner Eschenbach
Maximilian I. von Habsburg Fock Zweig
Feuerbach Eliot
Ewald Vergil
Goethe London
Elisabeth von Österreich
Mendelssohn Balzac Shakespeare Dostojewski Ganghofer
Lichtenberg Rathenau
Trackl Stevenson Doyle Gjellerup
Tolstoi Hambruch
Mommsen Lenz Droste-Hülshoff
Thoma Hanrieder
von Arnim
Dach Verne Hägele Hauff Humboldt
Reuter
Karrillon Rousseau Hagen Hauptmann
Garschin Gautier
Defoe Baudelaire
Damaschke Hebbel
Descartes
Hegel Kussmaul Herder
Wolfram von Eschenbach Schopenhauer
Dickens
Darwin Rilke George
Bronner Melville Grimm Jerome
Bebel
Campe Horváth Aristoteles Proust
Voltaire Federer
Bismarck Vigny Barlach Herodot
Gengenbach Heine
Storm Casanova Tersteegen Grillparzer Georgy
Lessing Gilm
Chamberlain Langbein
Brentano Gryphius
Lafontaine
Claudius Schiller
Strachwitz Kralik Iffland Sokrates
Schilling
Katharina II. von Rußland Bellamy
Gerstäcker Raabe Gibbon Tschechow
Löns Hesse Hoffmann Gogol Wilde Vulpius
Gleim
Luther Heym Hofmannsthal Morgenstern
Klee Hölty Goedicke
Roth Heyse Klopstock Kleist
Homer
Luxemburg Puschkin Mörike
Horaz Musil
La Roche
Machiavelli
Kierkegaard Kraft Kraus
Navarra Aurel Musset
Lamprecht Kind Moltke
Nestroy Marie de France Kirchhoff Hugo
Laotse Ipsen Liebknecht
Nietzsche Nansen
Marx Ringelnatz
Lassalle Gorki Klett
von Ossietzky Leibniz
May
vom Stein Lawrence Irving
Petalozzi
Platon Knigge
Pückler Michelangelo Kafka
Sachs Poe Kock
Liebermann
Korolenko
de Sade Praetorius Mistral Zetkin

Der Verlag tredition aus Hamburg veröffentlicht in der Reihe **TREDITION CLASSICS** Werke aus mehr als zwei Jahrtausenden. Diese waren zu einem Großteil vergriffen oder nur noch antiquarisch erhältlich.

Symbolfigur für **TREDITION CLASSICS** ist Johannes Gutenberg (1400 — 1468), der Erfinder des Buchdrucks mit Metalllettern und der Druckerpresse.

Mit der Buchreihe **TREDITION CLASSICS** verfolgt tredition das Ziel, tausende Klassiker der Weltliteratur verschiedener Sprachen wieder als gedruckte Bücher aufzulegen – und das weltweit!

Die Buchreihe dient zur Bewahrung der Literatur und Förderung der Kultur. Sie trägt so dazu bei, dass viele tausend Werke nicht in Vergessenheit geraten.

Ascheberger Sprüch

Gustav Trockenbrodt

Impressum

Autor: Gustav Trockenbrodt
Umschlagkonzept: toepferschumann, Berlin

Verlag: tredition GmbH, Hamburg
ISBN: 978-3-8424-9409-1
Printed in Germany

Ziel der TREDITION CLASSICS ist es, tausende deutsch- und fremdsprachige Klassiker wieder in Buchform verfügbar zu machen. Die Werke wurden eingescannt und digitalisiert. Dadurch können etwaige Fehler nicht komplett ausgeschlossen werden. Unsere Kooperationspartner und wir von tredition versuchen, die Werke bestmöglich zu bearbeiten. Sollten Sie trotzdem einen Fehler finden, bitten wir diesen zu entschuldigen. Die Rechtschreibung der Originalausgabe wurde unverändert übernommen. Daher können sich hinsichtlich der Schreibweise Widersprüche zu der heutigen Rechtschreibung ergeben.

Text der Originalausgabe

Gruß an Ascheberg

Seh' ich mei' Ländche, herzig, sunnig, friedlich,
Seh' ich mei' Ascheberg, so kloor, so wunnerschö',
Seh' ich mei' Landsleit' lustig un gemietlich,
Hippt mer mei Herz vor Frääd houch in die Höh'!
Kenn' jede Gaß', jed' Häusje,
Kenn' jeden Baam un Berg,
Kä Wunner! 's is mei' Heimat!
Es is mei' Ascheberg!

Wou gibt's e Schloß, so grouß, so schtolz, so mächtig,
Mit griene Läde und aus route Schtä'?
Wou gibt's e Tal, 'n schöine Busch so prächtig,
Wou gibt's 'n Fluß so kloor wie unser Mä?
Wou gibt's e Hawicher Schweiz, 'n
Goddels-, Bichelberg?
A nirgends anners als
In unserm Ascheberg!

Wou gibt's uff Erde so viel dorscht'ge Schnäwwel
Un so viel Kneipe, sagt, wou gibt's die noch?
Wou gibt's 'n Hoppegarte, Schlappeseppel, 'n
Worschtbennel und gor e kaltes Loch?

Un laute eich die Name
Aach noch so iwwerzwerg,
Sie hawwe 'n gute Klang
Bei uns in Ascheberg.

Wou anners sucht mer vorne, sucht mer hinne,
Wenn mer äns braucht, da is es sicher weg,
Bei uns is jedes glei' schnell zu finne,
Wer nit dehäm is, schtäiht gewöhnlich am Scharfeck.
Wou anners, na gut' Nacht!
Des is der e Gewerg!
Doch sou e Ordnung gibt's
Halt blouß in Ascheberg!

Da schtäih'n Pollake, Arm- und Herzindianer,
Jed's um sein' Schtä' rings rum im grouße Ring,
Da Packträger, *da* Bauern, *dort* Primaner,
Da Schpießer, *dort* Soldate, *driwwe* Schwüng'.
Aach ich hab' dort mein' Schtä'
Am Sunndag nach de Kerch';
Ja sou e Ordnung gibt's
Halt blouß in Ascheberg!

Was is e Kumbeer? hert mer manchmol frage,
Verklicker' mer' mal schnell die Menschesort'!
Ja, des kannich in äns zwä aach nit sage,
E Kumbeer is - ja, was glei'? Schad' fer's Wort!
Frägt äner mich so olber

Un gor so iwwerzwerg,
Des Schinnos is ganz sicher
Dann nit vun Ascheberg!

Die Fremde lache, wenn se mich her'n babbele
Un halte sich als uff iwwer mei' Sprach',
Was leit' *mir* dran! Ich glaab', bei eich duht's rabelle,
Redst Du dein Daitsch, red' ich aach, was ich mag;
Frägt äner mich: »Woher?«
Ich halt' nit hinnerm Berg:
»Des wäässte nit? Gäih hääm!
Mir sein von Ascheberg!«

Uff de Mäbrück

In de ärgste Mittagssunne
Lehnt dort an de Mäbrück' drunne
Faul 'n Kumbeer, hot In Kloube
Ganz schebb in sei' Maul geschoube
Un die Fäust' tief in de Säckel,
Wärmt er sich die Aagedeckel;
Un so schläft er in de Sunne
Uff de Brückebrüstung drunne.

Awwer jetz' kummt mit 'm Kloube
Noch e Kumbeer angeschloube,
Blotscht sich newwer'n Annern schö',
Kratzt sich, gähnt un schpuckt 'nein Mä.

Un er säigt: Die häääße Luft!«
»Hm«, säigt do de Anner druff.
's Bier vom Worschtbennel is heit' bitter.«
»Hm«, säigt do de Anner widder.
Dann is 's e Weilche schtill,
Jeder nickt un denkt nit viel.

»Du, was raachste fer e Sort'?«
»Hm«, säigt der do, sunst kä Wort. -
»Du, de Mä duht widder sinke.
Wolle mer nit 'n Schoppe trinke?«
»Hm«, macht der sou ungefähr,

Säigt nit weniger un nit mehr,
Dann is 's widder e Weilche schtill,
Jeder nickt un denkt nit viel.

»Hot nit ebe de Damber geblose?«
»Hm«, schnorcht der do dorch die Nose.
»Hm, was der Hm immer säigt,
Hm, ich glaab', des Schinnos schläft.«
Dann is 's widder e Weilche schtill,
Jeder nickt un denkt nit viel.

In de ärgste Mittagssunne
Lehne uf de Mäbrück drunne
Faul zwä Kumbeer, haawe 'n Kloube
Ganz schebb in ihr Maul geschoube
Un die Fäust' tief in de Säckel,
Wärme se die Aagedeckel.
Hm säigt Äner, Hm de Anner,
Un so schnorche se minanner.

Die Wermche

Zwä Bube angele am Mä',
Am erste Brückebouge,
Da, wo das Schlachthausblut 'rein lääft,
Da wer'n viel Fisch' gezouge.

Der ä, der bot e Hütche uff
Mit ausgefranste Zacke,
De anner 'n blanke Schtiftekopp
Un 'n ganz dicke Backe.

Uff ämol ruft es von de Brück',
»0 jesses, o Gewidder!
Was hawwese mit mei'm Hannes gemacht,
Was bot dann der scho' widder?

Hannes! Du host ja e ganz dick G'sicht!
Hoste Hieb' kriegt? Wors e Schnacke?
Wie kammer nor da angele
Mit sou 'm dicke Backe?«

Da ruft de Bu' mit halber Stimm',
Bringts Maul kaum ausenanner:
»Da hab' ich ja mei' Wermche drin,
Sunst nimmt mer se de Anner!«

’s Maalche is mei Schatz!

’s Maalche is mei Schatz!
Ich wääß kän’ schenner’n Platz,
Als wenn ich bei mei’m Maalche sitz’;
Wenn’s riwwer schpitzt, ich niwwer schpitz’;
Mei’ liebes, herzig Schnuckesje
Hot winzig kläne Guckesie,
Zwä kouhleschwarze Ägelche
Wie e Kanalljevögelche,
’s Maalche, ’s Maalche,
Mei lieber kläner Schatz!

’s Maalche is e Oous,
Die hot der alles lous,
Setzt alles dorch un frägt nit viel,
Wenn ich net will, wenn sie ner will;
Sie schnickt ihr korzes Röckelche
Un scheert sich um kä Dreckelche,
Des louse, louse Bündelche,
Ich folg’ er wie e Hündelche,
Dem Maalche, dem Maalche,
Dem herzig kläne Oous!

’s Maalche is mei Fräd’,
Sie is un bleibt mei’ Mäd ,
Un gäiht mer ebbes gäig’n Schtrich,
Dann drick’ ich mich, dann setz’ ich mich

Zum Maalche e klän's Bisselche
Un geb' er e sieß Küsselche
Uff ihre route Bäckelche,
Dann freit mich jedes Dreckelche!
's Maalche, 's Maalche,
Sie is un bleibt mei' Fräd'!

's schtorige Träudche

's Träudche wor schöi',
Gor e goldige Krott,
Ner än kläne Fehler,
Den hot se gehott.
Sie hat kän gemögt,
Un wie mer so sägt:
Sie wor e weng fohrig,
Sie wor e weng schtorig,
Un nix wor er recht.

Viel' Borsche sein kumme,
Hawwe um se gebitt';
Sie hot kän genumme,
Sie passe're nit!
Ihr Herz kriegt kän Schprung,
Es kumme noch genung!
Sie wor e weng fohrig,
Sie wor e weng schtorig,
Sie wor halt noch jung!

's Träudche wor schöi',
jetzt' will's mit Gewalt
Glei' jed'n Borsch heiern,
Doch die sage halt:
Was, die? Ni'gemalt!
Wem die noch gefallt!

Die is uns zu fohrig,

Die is uns zu schtorig,

Die is uns zu alt!

Uff de Herschelgaß'

Sunndags früh um Elfe
Gibt's kän schenner'n Schpaß
Als 'n kläner Bummel
Uff de Herschelgaß'.

Unne angefange,
Owwe werd gewendt,
Dann werd nunnergange,
Nuff dann bis ans End'.

Siehste des Schtudentche
Mit sei'm neie Rock,
Mit sei' route Handschuh,
Mit seim dicke Schtock.

Immer nuff un nunner
Mit de gääle Schuh',
Bis se dorchgeloffe,
Eh'r gibt er kä' Ruh'.

Owwe angefange,
Unne werd gewendt,
Dann werd nuffgegange,
'nab dann bis an's End'.

Siehste dort des Mädche
Mit sei'm neie Hut,
Mit sei'm neie Klädche,

Wie se freindlich duht!

Immer nuff un nunner
Mit de gääle Schuh,
Bis se Äner heiert,
Eh'r gibt se kä Ruh'.

Unne angefange,
Owwe werd gewendt,
Dann werd nunnergange,
Nuff dann bis ans End'.

Sunndags früh um Elfe
Gibt's kän schenner'n Schpaß
Als 'n kläner Bummel
Uff de Herschelgaß'.

E g'sund's Alter

Im Tal schpaziert e alter Herr
Mit weiße Polka-Anke,
Die Kinner gewwe'm all' die Hand,
Un er duht freindlich danke.

Er fuchtelt mit sei'm schpanisch' Rohr,
Guckt dorch sei Brillegläser,
Er ziecht sei' alte Duse vor
Un schnuppt wie e Professer.

De Rockschoß von sei'm Senkel fliegt
Im Wind grad' wie e Fahne,
Am See da fittert er vergniegt
Sei' liebe Bulleschwane.

Un wenn er wo e Kindche siecht,
Da greift er in die Dasche,
Un aus'm blaue Ditche kriegt
E jedes 'was zum Nasche.

Dann macht er sich 'n Blumeschtrauß,
Den bindt er mit'm Fädche,
Un wenn er mittags gäiht nach Haus,
Lacht er mit jed'm Mädche.

De alte Herr! So lang ich denk',
Hot er sich nit verännert,
Er war scho' immer grad' so weiß,

Fast hot er sich verschennert.

Er is scho' an die Achzig alt
Un hat noch nit genung,
Im Gegedääl, ich glaab' scho' bald,
Er werd jetz' widder jung.

Die Jäger kumme!

Am scharfe Eck um Elfe 'rum,
Da lääft zusamm' es Publikum,
Dienstmädche, Kinner, Bollezei,
Aach Dintebube sein dabei
Mit ihre Bicher unnerm Arm,
Pollake aach 'n ganze Schwarm.
Un alle schtäihn se da un passe
Un gucke alle 'nab die Gasse.
»Herste no' nix?« »Nä, noch kän Ton.«
»0 Jesses, horch, sie kumme schon!«

Erst hert mer in de Fern' was blose,
Da recke alle glei' die Nose,
Dann duht's scho' deitlicher trumpete,
An alle Fenster, alle Läde,
An jedem Haus, uff jede Trepp'
Da siecht mer Kepp', da siecht mer Zepp'.

Jetz' kummt's marschiert im gleiche Schritt,
De Musikmäster in de Mitt',
Der schlägt 'n Takt bei jedem Satz,
Zwä gäih'n voraus un mache Platz.

Un hortig lääft dorch Dreck un Schpeck
'n Haufe Kinner vorne weg:
Der ohne Hut, der ohne Schuh',

Der bläst Hammonika dezu,
Der hat sei' Schwesterche am Bennel'
Un der kriegt mit'm Annern Hennel,
Werft in die Luft sei' Wollemütz',
Der haacht'n mit e Weidefitz,
Der lacht, der pfeift, der hippt, der schpringt,
De Äne flennt, de Anner singt,
Bei dem Gewerg', bei dem Gedräng',
Kummt fast die Musik in die Eng'.

Den grouße dicke Bumberdon,
Den hert mer laut von weitem schon,
Jetz' kumme die Posaunebläser,
Da werd der Höllelärm noch gräißer,
Un was se blose, was se zieche,
Daß se ganz dicke Backe kriege;
Un was die Fenster alle schebbern!
Jetz' hert mer's uff'm Plaster kleppern,
Un uff'm Gaul de Kumandeer,
Der reit' der wie 'e Ferscht daher
Un hat sein Säbel in de Hand,
Der newwer'm is sei' Adjetant;
Un blau un' grien kimmt's hinnenach:

Die Jäger! Herrgott Dunnerschtag!
Die Schacko un die Säbel blitze,
Un was se lache, was se schwitze!

Ganz schtolz marschier'n se iwwer'n Platz,
Un jeder guckt glei' nach sei'm Schatz.

Uff ämol, hoste ni' geseh',
Da juckt es äm in beide Bä,
Un wenn mer hert den gleiche Schritt,
Mer kann nit anners, mer muß mit!
Drum vorwärts! Hortig eingeschwenkt
Un mit de annern eingehenkt,
Sou gäiht es fort im gleiche Schritt,
Mer kann nit anners, mer muß mit!

Wenn's 'rum is, denkt mer hinnenach:
Du bleibst 'n Äisel dei' Lebtag'!
Du Kinnskopp! Noch so dumme Sache
Als alter Knoche mitzumache!
Doch her' ich widder die Musik,
Mich halte kä zeh' Gäul' zurück,
Un wenn mer hert den gleiche Schritt,
Mer kann nit anners, mer muß mit!

De Eckeschteher

Ich hab' kän Wunsch, kä Sorge,
Kä' Schuld un kä' Geld,
Denk' nit von heit' bis morge
Un guck' blouß in die Welt.
Ich denk' an nix,
Ich henk' an nix,
Fer was dann? Wär noch schenner!
Ich gaff' grad' 'naus,
Ich baff' grad' 'naus,
Ich *raach'* un mach' Kalenner.

Mei' Schnäpsje un mei' Schtumbe,
Des is mei' änzig Fräd'!
Sie hääße mich 'n Lumpe,
Weil mich kä' Mensch verschtäiht.
Ich schtehl' ja nit,
Verfehl mich nit,
E Lump, ich? Wär' noch schenner!
Kreischt nur zum Schpott: Er hott! Er hott!
Ich *sauf* un mach' Kalenner.

Am Tag werd' rumgezouge
Un es Scharfeck betracht',
Un unnerm Brückebouge
Da schlaf ich bei de Nacht.
Un wenn's aach schtärmt ,

De Schnaps, der wärmt,
Sagt, weller Mensch hett's schenner?
Un wenn's aach zieht,
De Schtumbe glieht,
Ich *schnarch'* un mach' Kalenner.

Un bei dem Rumgelunger
Verreißt mei' Wammes noch,
Mei' Schtiffel hawwe Hunger,
Mei' House hat e Loch.
So reiß' ner zu!
Laßt mer mei' Ruh'!
Je gröißer, deste schenner!
Gäiht alles uff,
Ich pfeif' der druff,
Ich *pfeif'* un mach Kalenner.

Un kann ich nimmer schlorche,
Un werr' ich mied' un matt,
So mecht mer des kä' Sorge:
Dann fittert mich die Schtadt.
Im Krankenhaus
Do hält mer's aus;
Sagt, weller Mensch hett's schenner?
Ich raach', ich sauf',
Solang ich schnauf,
Ich *schnarch'* un mach' Kalenner.

Schneller Entschluß

Am Schtiftsberg owwe zwische de Torn
In'm Schtibbche iwwer drei Schtiege,
Da liecht e Fraa, die is verlor'n,
Im Schterbe duht se lieche.

»O Andres«, säigt se zu ihr'm Mann,
»Äns werste duhe könne,
Ich glaab, mich hot's; o duh' doch schnell
Emol zum Dokter renne!«

De Andres lääft, was er ner kann
Un will schnell nach äm sehje,
Doch wie er g'rad am Rathaus is,
Da bleibt er ratlos schtehje.

»Zu wellem Dokter soll ich dann?
Da is viel dran geläige,
Des hab' ich sie jetz' ni' gefragt,
Des muß ich iwwerläige.

Soll ich zum Beste gäih? Wääß Gott,
Wie weit ich da muß wannern,
Gäih' ich zum Nächste, ganz gewiß
Will dann mei Fraa den Annern.

Un weller is de Best'? Wer wääß?
Ich nit! Oh, do verreckste,
Gäiht der zu Fuß? Hat der e Schees'?

Un weller is de Nächste?

Wenn's ner nit so viel Dokter gäb',
Des sin' der dumme Sache!
Da wääß mer nit, zu wem mer soll;
Was soll ich dann ner mache?

Wenn ich nit mei' Gedächtnis stärk',
Is nix mit mer zu wolle!«

Nachdenklich gäiht er 'nein zum Derk
Un trinkt 'n Schollemolle.

’s Rezept

»Herr Nachbar, hert, wenn’s Eich ni’ eilt,
Ihr habt ja Manchen scho’ geheilt,
Herr Nachbar, seid so gut un gebt
Mer fer mei’ Krankheit e Rezept.«

»Was is dann lous?«

»Ich kann nix rieche,
Un uff de Zung’ duht mer was lieche,
Es kratzt im Hals mich wie ni’ g’scheit!«

»So macht’s halt wie die annern Leit’.«

»Ä Frag noch, seid mer ner nit mies!
Die annern Leit’, wie mache die’s?«

»Wann se nix rieche, schnuppe se,
Un wenn se’s kratzt, dann jucke se,
Liegt’s uff de Zung’, dann schpucke se,
Gelle se, da gucke se?«

De alt' Kumbeer

Grad' unnerm Schloß, da, wo am Mä
Die viele grouße Holzstöiß schtäih'n,
Schtäiht ach e Baam, der is so alt,
So grouß un schattig, daß mer bald
Kä schenner Plätzje find im Traam
Als unner dem Kastaniebaam.
Un von dem Baam ganz überdacht
Da schtäiht e Bank, grad' wie gemacht,
Um sich e bisje Ruh' zu schenke
Un sei' Gedanke nachzuhenke.
Besunners, wenn die Sunn' ganz rout
Im Mä 'nabgäiht, un's werd so tout,
So dunkel, un mer is allä,
Da is des Plätzje wunnerschö'!

Grad' so e Abend wor's.
Da sitzt, Die Ellebouge uffgestitzt,
'n alter Kumbeer tiefgebickt,
'n Kopp 'nei in die Hend' gedrickt,
Uff seller Bank. Er atmet schwer,
Sei Pfeife bambelt hi und her.
Er simeliert un denkt so nach,
Wie schöi's wor in sei' junge Tag,
Wie er so lustig wor, so forsch,
So schtaak als wie kän zwätter Borsch.

Des is lang her! jetz' is er alt,
An achtzig, ja, do merkt mer's halt!

Er denkt, wie noch sei' Fraa da wor,
jetz' is se tout scho' verzeh Johr,
Sei' Bube fohr'n längst uff'm Mä,
De alte Mann is ganz allä,
Bald werd 'n gor niemand mehr kenne!

Do werd's 'm fast, als mißt' er flenne,
Es zuckt 'm iwwer's G'sicht so was, -
Da, wupp! Da fliegt die Pfeif' nein's Gras
Un fährt grad' an 'n Eckschtä' widder
Un gäiht kaput in lauter Schplitter!

De Alt' schreckt uff, - er reckt sich grouß
Un schteckt die Fäust' nei' in sei' Hous',

Schtolz gäiht er fort mit lange Schritt'
Un brummelt: »Äsel, schämst dich nit?
Du Schoute' du, zum Deif'l 'nein,
Wie kammer ner so dappig sein!
Des kummt, weil ich an gor nix denk'!
Der Pfeifekopp, der hot die Krenk'!«

's G'schpenst am Mä

Im Holzhof drunne unnerm Schloß
Do is bei Nacht de Deif'l los,
E Bollern un e Klobbe,
Unhämlich is der des Getöis',
Un hert mer's rabbele in de Schtöiß',
Macht mer sich auf die Socke.

Un zwischem Holz, da gäiht als Schtumm
E langes, schwarzes Mannsbild 'rum,
Von owwe schwarz bis unne;
Wenn awwer Äner hot den Mut,
Deß er den Mann anrede duht,
Da is de Geist verschwunne.

Vom Routekopp kimmt schpät de Schorsch,
Er muß noch durch'n Holzhof dorch,
Es wor um halber zehe,
Uff ämol hert er in de Schtöiß'
E ganz verdächtiges Getöis',
De Schorsch bleibt ruhig schtehe.

Da kimmt e schwarzes Mannsbild 'raus,
Des siecht der ganz unhämlich aus,
Hot'n Mant'l umgeschlage,
Der freche Schorsch, der ruft sofort:
»Du Fritz, bist Du's? Blouß uff e Wort,

Ich mecht Dich ebbes frage.

Weil mer jetz' grad' allä do sein,
Was is dann in dei'm Mant'l drein,
Was hoste dann scho' widder?«
Da säigt de Geist druff: »Schweich' du Hund,
Ich kumm' ja aus de Giddaschtund,
Do drin hob' ich mein Gidda.«

Grad' wie er's säigt, da fällt 'm Fritz
E Holzscheit aus'm Mant'lschlitz
Un leit am Bodde drunne.
De Schorsch hot sich am Ohr gekratzt:
»Du, awwel is der e Sääte geplatzt!«
Da wor de Geist verschwunne.

In der Schul'

Sou'n Lehrer, mei', der hot e Plag'
Mit seine Bube alle Schlag,
Kä' Wunner, wenn er werd verdrosse,
Die babbele un mache Posse
Un zowwele sich, un käner ruht.
Nor wenn er ebbes frage duht,
Da sein se alle blöd un faul
Un glotze blouß un halte 's Maul.

Des mecht 'n Lehrer desparat:
»Eich fehlt es halt am Bildungsgrad!
Es erscht is doch vor alle Schticke,
Sich kloor un deitlich auszudricke!
Es is e Kreiz! Ihr wißt kän Deit!
Es is e Unbehilflichkeit
Im kloore Ausdruck, in de Schprach';
Da paßt halt uff, wenn ich was sag';
Es is aach wohr! Werd' endlich g'scheidter,
Ihr Lausbube, jetz fohr'n mer weiter!
Hend uff die Bank! Paßt uff recht fein! -
Wer werft dann do? - Zum Deif'l nein!«

De Lehrer redt von annere Sache,
Die Bube pätze sich un lache,
Er redt von dem un dem gor viel's,
Sou kumme se aach uff'n Filz.

Da säigt de Lehrer: jetz' paßt acht,
Was is de Filz? Wie werd er gemacht?«
Da is es widder meisjeschtill,
Kä Änziger was sage will,
Un alle sein se blöd un faul
Un glotze blouß un halte 's Maul.

Da fängt de Lehrer an un schennt:
»Jetz' kriegt er awwer uff die Hend!
Was is de Filz? Wie werd er gemacht?
Ich hab's eich dreimal scho' gesagt!
Is doch kä Kunst', kä Wisseschaft!
Dorch Walze, Schtouß un Hewwelkraft
Veriwwle' sich die Hasehoor,
Dadorch verfilze se sich, ni' wohr?
Un dadedorch entschtäiht de Filz!
Ganz kloor! Un käner merke will's!
Eich fehlt de Ausdruck in de Schprach'!
Wer lacht da? Grimm, schtäih' uff, sag's nach!«

's Weibche

Wir sein zwä ruhige alte Leit',
Ganz glicklich un vergniegt,
Doch hawwe mer die lange Zeit
Halt gor kä Kinner 'kriegt.
Un wou kä Mädche is, kä Bu',
Da is es schtill im Haus,
Un werd mer alt aach noch dezu,
Dann siecht's halt traurig aus.
»Wenn ich ner ebbes um mich hett'«,
So knengt mei' Fraache frieh un schpät;
»So sei ner still, mei' Weibche,
Ich bring' der 'was, mei' Deibche.«

Ich setz' mei' alte Kappe uff
Un laaf, was ich kann laafe,
Zum alte Vochelschuster 'nuff:
»Ich mecht 'n Fuchel kaafe!«
»Der junge Horzer, guck wie schö!
Der singt der ungelouge
In verzeh' Tag ganz wunnerschö'!
ich hab'n uffgezouge.«
»Singt er aach werklich?« »Ganz gewiß,
Wenn er drei Woche älter is,
Dann kriegt er aach e Heibche,
Grad' wie es Dorteldeibche.«

Ich hab'n in mei' Sacktuch gepackt
Ganz zortche un ganz fein,
Dann hab' ich mer 'n Keffich kaaft
Un duh' des Tierche 'nein;
Mei' Fraache is ganz newwe draus
Vor lauter Glick un Fräd',
Mir schtäihn mitsamm' vor'm Vochelhaus
Zu zwätt von frieh bis schpät.
Ich schteck aach in 'n Keffichritz'
In saft'ge sieße Appelschnitz'
Un wart' dann mit mei'm Weibche
Uff's Singe un uff's Heibche.

Am erschte Tag, da hot er blouß
Zum Appelfresse Zeit,
Am zwätte gäiht es Pfeife lous,
Doch nach de falsche Seit'
Am dritte hot er »Piep« gemacht:
»Horch, Fraache, er macht 'Piep'!«
»Is wohr? Wääß Gott, mei' Tierche piepst.
Mei Hänsje, nä, wie lieb!«
»Pst! Biste schtill mit dei'm Geschrei,
Un stör'n nit, sunst werd er scheu,
Sei schtill, mei' liebes Weibche,
Sunst kriegt er mer kä Heibche!«

Ja, sou'n Fuchel braucht sei' Zeit,

Er muß sich eingewöhne,
Dann singt er scho', un dann kummt aach
Des Heibche bald, des scheene.
Des Vechelche, des is nit schuld,
Des kammer halt nit zwinge,
Drum wart', mei' Weibche, nor Geduld,
's Hänsje werd scho' singe.
Ich glaab', er is jetz' in de »Maus«',
Mir schtäih'n mitsamm vor'm Vochelhaus,
Ich wart' als mit mei'm Weibche
Uff's Singe un uff's Heibche.

Jetz' warte mer es ganze Johr,
's Hänsje will nit schlage,
Des kummt mer doch uffällig vor,
Ich muß 'n Schuster frage.
Er singt halt nit, der Sackerdie!
Des is zum narrisch wer'n!
Was hilft's, wenn ich 'n pfeife seh',
Ich mecht'n pfeife her'n!
Am End' sein mer gor selber schuld!
Ich schtäih' vor'm Keffich mit Geduld
Un wart' als mit mei'm Weibche
Uff's Singe un uff's Heibche.

Jetz' warte mer es zwätte Johr,
Mei Hänsje will nit schlage!

Gell Bubche, du kannst nix defor,
Un ich, ich kann's ertrage!
Ich mään' alleweil, ich mään' alleweil,
Der Fuchel kriegt kä Heibche,
Un wenn er lang so weiter macht,
Dann werd er noch e Weibche!
Da, haste noch 'n Appelschnitz!
Ich schtäih' als da un spitz' un spitz'
Vor'm Keffich mit mei'm Weibche,
Vor'm Weibche ouhne Heibche!

Beim Bader

Zum Bader kimmt e Fraa gerennt,
Die is ganz newwe draus,
Man merkt er's ou sie hot geflennt,
Ganz troustlos siecht se aus.

»0 Bader helft, 's is höchste Zeit,
Mei' *Souhn* hot's böise Fieber,
Ich glaab', es es die Schterbskrankheit,
Ich glaab', mei' *Souhn* gäiht niwwer!«

»Ja Fraa, wenn eier *Sau* so krank,
So nehmt eich halt die Mieh'
Un hoult beim Schafhert eich 'n Trank,
Der wääß was fer des Vieh.«

»0 Baader, da wor ich heit' frieh.
Der hot mer zammegeriebe
Sou e Zeug, halb Brabbes un halb Brieh',
Mei' *Souhn* wär' fast gebliebe!«

»Ner vun de Annern weg! 's schteckt oun!
Un schütt' e frisches Schtrouh!«
»Des hab' ich alles scho' getoun,
Des g'schieht ja sou wie sou!«

»Wie is mit 'm Fresse?« »Ich sag' eich,
Er nimmt nix, duht nor schenne,
Er is ganz hääß und redt dumm Zeug

Un duht kän Mensch mehr kenne!«

»Was säigt er? Was? Wer redt dumm' Zeug?
Ich glaab, ihr seid nit kloor!«
»Doch, doch, mei' *Souhn* redt dummes Zeug,
Ja, meiner Sixt, 's is wohr!«

Jetz' merkt's de Bader uff än Schlag
Un fährt des Fraache ou:
»Des kimmt vun eirer Bauernschprach'!
Nit die *Sau, de Souhn, ja sou!*«

’s Rosinche

De Kunrad schtumbt sein Vadder an:
»Vadder, ich hab’ e Mädche;
Ich mecht’ se heiern.« »Was ni’ gor!
Is scho’ so weit, Kunrädche?

Mir is ’s recht, doch braucht se Geld,
Sunst bin ich nit zu schpreche.
Wie sein ihr’ Eltern dann geschtellt?
Die misse dichtig bleche!«

»0 Vadder, Blech hat se genug,
Da brauchste nit zu sorge,
Sogar ’n Wache un se fährt
In die Schtadt ’rein alle Morge.«

»Wer is se dann? A, wenn’s sou schtäiht,
Da sag’ ich ja nix weiter!«
»Rosinche häßt se, un sie is
E Milchmädche von Leider.«

Summernacht

Hääß is die Summernacht,
Schwiel is die Luft,
Schatz mit sei'm Schätzje lacht,
Nachtigall ruft.

Adam sei' Evche kißt,
Da hät's kä Not!
»Evche, weil's du's ner bist,
Goldige Krott'!«

Leis duh'n se flistern
Un kisse sich viel,
Leis' duh'n se wispern -
- Uff ämol werd's schtill.

Evche hängt's Kebbche 'rab,
Mitte im Glück
Lääft er zum Backe 'nab,
'n Drobbe ganz dick.

»Evche, mei Herzje du,
Mach' mer kä' Schträäch,
Flenn' mer nit! Des Geduh'
Mecht mich ganz wääch!«

»Adam, do errste dich,
Adam, ich flenn' jo nit,
Des mecht die Hitz',

Adam, ich schwitz!«

Sou gäht's im Lebe!

Da drunne uff'm Freihofsplatz,
Da wor'n emol zwä Bube,
Die wühle in 'm Haufe Sand
Un mache Berg un Grube.

De Klänst' devou, der macht 'n Schpeis,
Der braucht dezu kä Kell',
De Grouß' bohrt mit sei' dreckige Fäust'
'n Eisebahntunell.

Wie's fertig wor, da is de Klä'
G'rad mittenein gehippt ,
De Grouß' werd böis un hat 'n Klä'
E bisje angedippt.

De Klä', der beißt, da haacht de Grouß',
»Gäih' hääm«, ruft dann der Böise,
»Sag' deiner Mutter 'n schöine Gruß
Un du wär'st dagewese!«

Der Klä', der flennt und kreischt:
»Ich sag's Mei'm konfermierte Bruder,
Da kannste eingäih', glaabste mer's,
Der packt dich, wart' ner Luder!«

De Klä' kaiakert' hääm un flennt,
Erst kann er gor nix sage,
Dann pletscht er: »Mutter, gäih' mal 'raus,

Mich hat Äner gehaache!«

Die Mutter schennt: »Du bist voll Sand,
Wou haste widder geschteckt?«
Dann hats'n am Schlawwidche' kriegt
Un hat'n abgeschpeckt.

Sou gäiht's im Lebe: Wenn de Klä'
Geg'n Grouße will, dann batt's nix,
Doch wenn de Klä' e Lausert is
Un kriegt sei' Hieb', dann schadt's nix.

Am Scharfeck

Zwä Packträger schtäih'n am Scharfeck
Beisamm', grad in de Mitt',
Mit route Kappe. Aner raacht,
De Anner de raacht nit.

»Wie toll! Wenn *ich* als Zigor'n hab'
Un raach', do schmeckt mer's nit,
Wenn Aner bei mer schtäihe duht
Un seller der raacht nit.
Un wenn ich ner noch *äne* hett',
Kriegt se der Aner aach,
Blouß, deß *mir's* schmeckt.
Host Du des aach?
Mir gäiht's sou, wenn ich raach'.«

»Wenn Du kän' raache sehe kannst,
Was gäiht dann mich des an?
A, gäih' halt 'nein bei'n Truckebroudt'
Un steck' der a ä an!«

De Bettelbu'

Guckt dort den Bettelbu' am Eck,
Verschtruwwelt is er un voll Dreck,
Verkumme, lumpig un verrisse,
Kä Sääile will was von'm wisse,
Da schtäiht er mit sei' alte Schlappe
Un zäihlt die Pennich in sei' Kappe.

Jetz' siecht den Kerl e annerer Bu',
Der schpeuzt vor'm aus und singt dezu:
»Ätschje, Ätschje,
Ätschje, Schaberiebche
Da guckt des dreckig Biebche,
Die Zehje gucke'm vorne 'raus,
's Hemmche hängt'm hinne 'raus,
Vornenaus, hinnenaus,
Ätschje, Ätschje,
Des wääß die ganze Schtadt,
Deß der kän' Vader hat!«

De Bettelbu' guckt schääl un gäiht,
Er hat sich bätzig 'rum gedräiht
Un schtreckt sei' Zunge 'raus dezu:
»Ich hett' kän Vadder? Mehr wie Du!«

Wou is de Hansjörg widder hi?

»Wou is de Hansjörg widder hi?
Der Bu g'hert 'nein die Schtuwwe;
Es is e Kreiz uff dere Welt
Mit denne böise Bube!

Heit' mittag is er in die Schul',
Jetz' hat's scho' sechs geschlage,
Sei' Schulranze is a nit do',
Was soll mer dann da sage?

Die Meß', di steckt dem Borsch am End'
Im Kopp, die Meß', die dumme,
's Karesell, die Knolleschtend',
Wart ner, ich werd' der kumme!«

So säigt de Alt' und zieht sich an,
Setzt 'n Hut 'nein in die Anke,
Gäiht's Landing nachenanner nuff
Un macht sich sei' Gedanke.

"He Nachber, hoste mein' Bu' ni' g'säihe?«
»Ja, ja, beim Karesell.«
»Ich sag's ja! Wart' du Sackerdje,
Heit kriegst mer dein Dääl.«

Dann uff'm Schloßplatz drickt er sich
E poor mal ruff un nunner,
Es wor'n e Masse Bube da,

Doch seiner wor nit drunner.

Beim Kaschpertheater macht er halt,
Ganz mied' zum Zammeklappe,
Da guckt 'n Kerl 'raus mit 're Nas'
Un mit 're grouße Kappe.

»Na, was habt Ihr dann fer'n Schmerz?«
»ich kann mein Bu' nit finne!«
»Wer werd do glei' verzwazzele,
Seid ner nit sou von Sinne!

Wie häässt er dann?« »A Hannsjörg Schramm,
Acht Johr, mit 'm blaue Kittel.«
»Scho' gut! Paß uff, den hammer glei',
Da gibt's e äfach Mittel.«

De Alt', der glotzt den Annern an,
Als deht' der Blödsinn rede,
De Anner ziecht 'n Vorhang nuff
Un bläst 'nein sei Drumbeede.

Da lääft 'n Bratze Kinner zamm
Un schterzt aus alle Schtraße:
»Schorsch, Seppel, Hannes, Päiter, bei!
De Kaschper hot geblose!«

De Kaschper hippt scho' rum un ruft:
»Ihr Buwe, seider da?«
Un schmeißt sei Bä' houch in die Luft,

Un alle kreische: »Ja!«

Da ruft de Kaschper: »'s is ni' wohr,
Ihr seid nit' all' beisamm',
Än säih ich nit; was is mit dem?
Wou is de Hansjörg Schramm?«

'n Aageblick is 's meisjeschtill,
Es rausche blouß die Bääm',
Dann ruft 'n kläner Kerl ganz schrill:
» *Awwel* is er *hääm*!«

»Host' es geheert? Hääm is dei' Bu«,
Säigt seller mit de Nose,
»Er is dehäm, sou gäih' ner zu,
Drum hab' ich ja geblose.«

Ganz schprachlos dappt de Alte hääm,
Er hot's nit ernst genumme,
»Fraa«, ruft er dehääm, »wou is mei' Bu?«
» *Awwel is er kumme!*«

Beim Dämmerschoppe

Dämm'rig werd's im Wertshauszimmer,
Un kä' Mensch is drin zu blicke,
Meisjeschtill, mer siecht fast nimmer,
Blouß die Wanduhr hert mer ticke.

Awwer hinne drin im Winkel
Hocke zwä ganz schtill un schtumm,
Un sie raache, un sie trinke,
Un die Tabacksdus' gäiht rum.

Schläfrig hocke se zwä Schtunne,
Un kä änziger redt e Wort,
Lang is scho' die Sunne drunne,
Un sie trinke als noch fort.

Da uff ämol fängt der Äne
An un trummelt uffn Tisch
Leis mit seine dicke Finger
Schtill un schtumm 'n Zappeschtrich.

Un de anner raacht als weiter,
Guckt 'm erst e Weilche zu,
Bis 'n endlich des Getrummel
Arg schenniert in seine Ruh'.

Erscht, do guckt er 'n an verdächtig,
Wie der als nit uffher'n will,
Un dann säigt er ganz bedächtig:

»Halt dei Maul!« - - Da is er schtill. - -

Finster werd's im Wertshauszimmer,
Un kä' Mensch is drin zu blicke,
Meisjeschtill, mer siecht kän' Schimmer,
Blouß die Wanduhr hert mer ticke.

Awwer hinne drin im Winkel
Hocke zwä ganz schtill un schtumm,
Un sie raache, un sie trinke,
Un die Tubacksdus' gäiht 'rum.

De Bumbezenus

Im Windfang wouhnt e Wäschfraa,
Die bot 'n schlechte Bu',
Der bot schon emol gesesse
Un gibt jetz' noch kä Ruh'.

im Schtripse un im Schtense
Da duht's 'm käner nach,
Es gibt kä' Schlich', er kennt' se
Un schtrenst 'n ganze Tag.

Im Mä wollt' Äner bade,
Die Hitz wor ferchterlich,
Der legt indeß sei' Kläder
'nein in die Weidebisch'.

Der schlechte Bu', der louse,
Der hot die Sach' glei' raus,
Er macht sich an die House
Un leert die Säckel aus.

E schwerer Ledderbeid'l,
Der fällt 'm in die Hend',
Er is schnell wie de Deif'l
Mit uff die Brück' gerennt.

Un drowwe üwwerläigt er:
Wou finn' ich jetz' 'n Platz,
Wo ich kann schnell verschteckele

Mei' Geld, mein grouße Schatz.

Hääm wenn ich gäih, des wääß ich,
Is 's mit'm Geld verbei,
Un nimmt mer's nit mei' Mutter,
Dann hoult's die Bollezei. -

Es dämmert scho'; er guckt
Un duht noch immer schwanke,
Er schtäiht vor'm Nebbemuk,
Da kummt 'm e Gedanke!

Kä' Mensch is in de Näh',
Er schteicht uff's Postament
Un läigt den Beid'l Geld
Dem Heil'ge in die Hend'.

Un säigt: »Du guter Mann,
Mer hert dich immer loube,
Bei dir is unser Sach'
Am beste uffgehoube.

Ich wääß kän änz'ge Mensch,
Zu dem ich Zutraue hab,
Gell, sei so gut, heb's uff,
Um zwelfe houl' ich's ab.«

Im nächste Aageblick
War er scho' widder drunne,
Er nickt noch emol zurick,

Dann wor er scho' verschwunne. -

*

De Mä rauscht dorch die Böige,
Un Zwelf schläigt's dorch die Nacht,
De heilje Bumbezenus
Hält uff de Mäbrück Wach';

De Mound scheint uff sein' Mant'l,
So schtäiht er ganz allä
Schtill uff de Brickebristung
Un guckt 'naus uff'n Mä. -

Jetz' kummt 'was angeschliche
Un klettert wie e Katz'
Un dappt mit lange Finger
Nach dem bekannte Platz.

Doch wie er greift un dappt
Un sucht als hi' un her,
Dem Nebbemuk sei' Hand
Is schtääf un kalt un - leer!

Der Bu' is zammegezuckt,
Glei' wor er widder drunne
Un guckt den Nebbemuk
Von owwe an bis unne,

So hämlich von de Seit',

Als deht' er 'm nit recht traue,
Er is sich ni' ganz kloor:
Wer wor jetz' da der Schlaue?

Er schüttelt lang sein Kopp,
Dann kummt' 'm erscht die Schprach',
Schlau drouht er mit sei'm Finger nuff
Un säigt: »Jetz' guck', der aach!«

De Läderwache

E Fischergässer Geschicht'

Da drunne in de Fischergaß',
Da wouhnt 'n Kumbeer, ouhne Schpaß
'n reicher Mann, er hot sei' Haus,
Hot aach e Gärtche hinnenaus,
'n Acker, Wiese, zwää Schtick Vieh,
Fängt Fisch' un treibt Eggenemie;
Er lebt allä mit seiner Schwester,
Un Cyriakus Schmelz, so hääßt er.

G'scheit is er nit, e alter Lappes,
Hot kän Verschtäihstemich, 'n Dappes,
Doch muß mer sage, Batze hat er,
Doch die sein alle von sei'm Vadder.
Des wär' so schlimm grad' nit, doch is er,
Was mer so säigt, In Krippebisser,
E Haamdicker, e geiz'ger Sack,
Des is er, ja, de Cyriak! -

Sei' Nachbar Päiter, der is kloorer,
Nit dumm, bei de Hulaner wor er
Un kennt sich aus in alle Schlich';
'n Cyriak hot er uff'm Schtrich,
Der hot 'n emol angezeigt,
'n Päiter, weil er'm häämgeleicht;

Un seitdem duht er lur'n un passe
Un bringt den Cyriak in Schlamasse,
Wou er ner kann; uff Weg un Schteg
Is der nit sicher vor sei' Schträäch'.

Na gut. De Cyriak hot sei' Scheier
Nei umgebaut, nadierlich deier,
Un zwischedem' stellt er sein' Wache,
In schöine neie Läderwache,
Nit weit vom Mä fer korze Dauer
'nab an sei' unnere Goordemauer -

De Mä, des is e tückisch Oous!
Heit' hot er e poor Drobbe blouß,
Vum Vorwärtskumme gor kän Schein,
Un iwwer Nacht do fällt's 'm ein,
Er mecht sich uff die Bää un schteicht
Un hot kä' Ruh', als bis er reicht
Ans Brücketreppchesmetermoß;

Ja, ja, de Mä, des is e Oos!
Besunners awwer mecht's 'm Freid',
Wenn sou was in de Näh grod' leit;
Die schennste Sääl', Fischkäste, Flöiß',
Baamschtämm' un Holz, glei' ganze Schtöiß',
Die Schtrümp', die House nimmt er mit,
Die schwarze Wäsch', die Wasserbütt',
Un is e Schelch nit ougebunne,

Wupp, hot er 'n scho' in Hanau drunne,
Un is er fest, so mecht er 'n lous,
Ja, ja, de Mä, des is e Oous!

Es wor scho' schummrig, un die Sunne
Wor hinner'm Pompejanum drunne,
Hääß wor die Luft, grad' wie zum Backe,
Un die Laterne wor'n voll Schnacke,
Da, schtäihn zwä Kumbeer uff de Brück'
Un dischputier'n do in äm Schtick,
Die Kappe uff un ouhne Jack',
De Päiter un de Cyriak.

De Päiter säigt: »De Mä duht schteiche,
Er duht scho' än Fuß höicher reiche
Als vorthin, 's kimmt wie vor'ges Johr,
Wou aach so 'n Regewetter wor
Wie letzte Woch'; ganz ouhne Schpaß,
Er schteicht noch höicher, wettste was?
Ich sog' der, duh' dein' Wache weg,
Bis morge hoste sonst 'n Dreck!«

»Des wääß ich aach, du Schinnos du,
De Mä, der schteicht die Nacht sou zu
Was leit dann mir dran, laß'n schteiche!
Wie kann der an mein' Wache reiche,
Der mißt dann weiter drunne schtehje,
Zwä Elle, ja, dann kennt's noch gehje

Un dann nit!«

»Nit? Gut, mir kann's passe,
Ich kenn'n wie mei' Housetasche,
Den Mä, des tückisch Oous, un wie!
Bis um 'n viere in de Frieh'
Do schwimmt er, wettste, wie 'n Nache!«
»Wer schwimmt?«

»Du Oous, de Läderwache!«
»Jaso!« - »Nä, nä, des kann nit sein,
Gäih hääm, do druf fall' ich nit 'rein.«
»Wenn ich der awwer sog', es langt,
Dann langt's! Sou, wie er angefangt
De Mä, sou langt's! Der macht alläns
Um vier sich uff'n Weg nach Määnz!«
»Wer macht nach Määnz? Mach' doch kä Sache!«
»So paß' halt uff! de Läderwache!«
»Jasou! Niwohr!«

»Was is niwohr?
Um viere schwimmt er fein un kloor
Nach Määnz enunner. Wettste was?«
»Was dann?«

»Na gut, zwölf Schoppemaß
Im wilde Mann.«

»Es gilt!«

»Hand druff!«

»A Mann, ä Wort! jetz' her'n mer uff!«

Sou wette se, es wor kän Schpaß,
Un gehje in die Fischergaß'.
Beim Wilde Mann werd haltgemacht,
Da sage sich die zwä gut Nacht.
Nach Haus schlorcht faul de Cyriak
Un denkt: Den hab' ich in mei'm Sack!
Desmol laß' ich mich nimmehr foppe!
De Päiter lacht un gäiht zum Schoppe.

*

Es wor noch duster, un die Sunne
Hot nit 'es klänste Loch gefunne
Im dicke Newwel, in dem nasse,
Do is scho' Lebe uff de Gasse,
Un uff'm Plaster hert mer's schlorche'
Un laafe wie am helle Morche,
E mord's Getöis' un e Geduh',
Die Tür'n, die knalle uff un zu
Un e Gelääf als 'ruff un 'runner:
De Mä gäiht houch! Schnell nix wie nunner!
Da denkt kä Säilemensch' ans schlafe,
Un jeder lääft, was er kann laafe,
Un wer am Mä nix hot zu schaffe,
Lääft uff die Brück', do kammer gaffe.

De Mä gäiht houch! ja, meiner Säil',
Mord's Welle, dreckig, schlampig, gääl,
Bis nuff an grouße Krahne reicht er,
Mer wääß nit, fällt er oder schteicht er.
»I Jesses, Cyriak, dein Wache!«
»Gell er is da? Des is zum Lache!«
»Do guck' doch hi'! Die Schtell is leer!«
»Du siehst nix!«
»Was? Da gäih' doch her!«
»Was? Werklich? Jesses Dunnerschtag,
0 Bumbezenus, was e Schlag!
Nä, nä, es is niwohr, gell Päiter?«
»Niwohr? Ich säih' 'n nit. Wou schtäiht er?«
»Sou weit räächt's Wasser nit, kän Schein!«
»Es kann ja widder gesunke sein.«
»Mei' Wägelche mitsamt de Plane!«
»Gäihn mer 'mol nunner bis an Krahne,
Da muß mer's sehje klippekloor,
Wie houch heint' Nacht es Wasser wor.
»Es kann nit sein! Es is 'n Schträäch!«
»Do guck! De Bodde is ganz wääch,
Do hot er geschtanne, guck, wie naß,
Do wor de Mä, der kennt kän' Schpaß,
Ich hab' der's g'sagt, es is e Oous,
Dein Läderwache biste lous,
Der schwimmt der besser wie e Ente,

Un jetz' mach mer kä' Fissemadente
E jedes tröist' sich, wie's halt kann:
Ich män', mer gäihn in wilde Mann.

Sou schläft er 'n Cyriak mit zum Schoppe,
Der hockt am Tisch grad' wie e Boppe
De Wache leit'm uff'm Herze,
Des schöine Geld! 'n geiz'ger Sack,
Er kann des Geld halt nit verschmerze,
Des wor er halt, de Cyriak.

Da säigt 'm de Päiter leis ins Ohr:
»Kumbeer, ich sag' der's, wie es wor,
Der Wache hat ja schwimme misse,
Des kunnt' mer leicht scho' vorher wisse,
Vor allem 'mol: Ich wor nit schuld.«
»Wer dann, du Schinnos?«

»Norn Geduld,
Ich wer' der's korz un klä verzäihle,
Erscht zahl' de Wett', dann soll's nit fehle.«
»Worst du nit schuld, ä Mann, ä Wort,
Do is dei' Geld! De Karr'n is fort!«
De Päiter schteckt sei' Geld in Sack
Un säigt dann leis zum Cyriak:
»Paß uff jetz': Sou war's mit dem Wache;
Die Schuld leit oft an kläne Sache:
Du selbst worst schuld! Wie's oft sou gäiht,

Du host die Brems' nit zugedräiht,

D'rum is de Wache 'nabgetriewe,
Gebremst, da wär' er schtäihje 'bliewe;
Jetz' awwer schnell, wenn ich der sag',
Bei Frankfort schwimmt er, laaf 'm nach!«

De Cyriak säigt nix als vier Wort',
Host 'n gesäihje, wor er fort
Un schmeißt die Diehr' zu, daß es kracht,
De Päiter guckt 'm nach un lacht.

*

De Mä, des is e tückisch Oous,
Heit' hot er e poor Drobbe blouß,
Vom Vorwärtskumme gor kän Schein,
Un iwwer Nacht da fällt's 'm ein,
Er nimmt 'n Läderwache mit!
Doch nix Gewisses wääß mer nit!
Ich sag's nit laut, ich denk' mer's blouß:
De Päiter is es gröißer Oous!
Ich mag 'n nit schenne un nit loube:
E bisje hot er 'n doch geschoube!

Uff'm Raddche

Es bumbert die Trummel,
Es quickse die Flöte,
De Kunterbaß brummt,
Es kreischt die Drumbeede.
Im Dominoklädche
Da tanzt e fein' Mädche
Mit Feddern un Litze,
Mit Borde un Schpitze,
Was se sich schmiegt,
Was se sich biegt,
Vor un zurick
Werftse die Blick'!

Un dann erscht beim Schambes
Da kriegt se 'n Dambes,
Un Er läßt sich foppe,
Sie werft 'n mit Schtobbe,
Un er läßt sich uze
Von der Kapuze,
Un Sie läßt sich schlecke
Drin in de Ecke,
Un was se nickt,
Halber verdrickt
Liegtse so warm
In sei'm Arm!

Am annere Morge
0 Koppweh, o Sorge!
Sie schtoppt ihr Gelump,
I'n flääschfarbige' Schtrump
Hängtse ans Sääl,
Der hot sei Dääl!
Dann mit 'm Wisch
Fegtse die Küch',
Putztse ihr Blech,
Sääft' die schwarz Wäsch',
Mied' wie e Gaul
Hängtse faul
Ihr Maul!

Am Hawicher Kreiz

In einsamer Höh' uff zackige Schtä,
Da schtäiht e groußes schtänernes Kreiz,
Von da aus siecht mer ganz wunnerschö'
Bis nunner in die Hawicher Schweiz.

Da schtäih' ich owwe, 'n Hut in de Hend',
Die Sunne hot grad' Abschied genumme,
Un wie ich so guck' in die Felsewänd',
Da sein mer ganz dolle Gedanke kumme.

Ich bin ganz muttersäileallä,
Kä Mensch, soweit ich aach guck' un blick',
Ner manchmol hert mer so e poor Tön':
In Hawich mache se Tanzmusik.

Jetz' klappert 'n Krug, es belle die Hünd',
Es rollt die Kugel, es falle die Käigel,
Un manchmol hert mer dorch 'n Wind
'n Krisch von sou 'm Bauernfläigel.

Es is lang her! Lang is es her!
Es is grod' aach sou 'n Tag gewese,
Es is mer, als wenn es heit' erscht wär'
Den Tag, den kann ich nit vergesse!

Ich hab's käm g'sagt, ich wääß es allä,
Doch jetz', jetz' soll's ner e jeder wisse:
An denne Schtä - an denne Schtä –

Hab' ich e Sunndagshouse verrisse!

Die Nählies'

Alle Morge gäiht e Mädche
Mit 'm blaugeblimmte Klädche
An mei'm Fenster schnell verbei.
»Nählies" hääßt mer blouß des Wermche
Mit sei' rappelderre Ärmche,
Hortig lääft se, schtumm un scheu.

An ihr'm fadeschein'ge Schäälche
Is geschtoppt so manches Däälche
Un ihr Kerbche is kä Last,
Un ihr' wasserblaue Aage
Wisse von viel Läd zu sage,
Un ihr' Backe sein so blaß!

Uff'n Schlag, da kimmt des Mädche
Mit sei'm blaugeblimmte Klädche,
Pinktlich macht se schtill ihr' Tour,
Fest kann ich mich druff verlasse,
Pinktlich huscht se dorch die Gasse.
Un des Mädche is' mei' Uhr.

Alle Morge werd se blässer
Un ihr' Aage immer gröißer,
Pinktlich macht se schtill ihr' Tour,
Alle Morge huscht se leiser
Wie 'n Schatte um die Häuser,

Doch die Nählies' bleibt mei' Uhr'!

Awwer heit' bin ich erschrocke,
Fast is mer mei' Blut geschtocke,
Un es gäiht im Kopp mer 'rum
Heit' -, heit' is se ausgebliewe,
Un mei' Uhr is schtäihje 'bliewe,
Un ich glaab' -: ich wääß warum!

De Säuhert

Da drowwe am Berg, wou de Kerchof schtäiht,
Da hockt de Säuhert un bläst sei' Drumbeed',
Sou traurig, es werd äm ganz anners debei,
Es bläst de Säuhert, es grunze die Säu'.

Er guckt nach'm Kerchof, er guckt nach'm Grab,
Die Träne laafe 'm die Backe als 'nab,
Er flennt dicke Drobbe un bläst debei.
Es flennt de Säuhert, es grunze die Säu'.

Aach *mich* hot getroffe e groußes Läd,
Es is mer genumme fer immer mei' Fräd';
Was schert des die Leit'? Was is do debei?
Un wenn äm es Herz bricht - was kimmert's die Säu'?!

An mei' liebe Landsleit!

Jetz' bin ich manches Johr draus' rumgeloffe,
Seit ich die »*Ascheberger Sprich'*« gemacht,
Hab' kloore un aach faade Kerl' getroffe
Un hab' mer oft mein Dääl debei gedacht.
Doch wenn ich manchmol Ascheberger hab' gefunne,
Des wor'n der Schtunne!

Mei' Landsleit' scheine gut sich fortzupflanze,
Oft hab' ich 'glaabt, jetz' hot die Welt e End',
Da lääft mer aach scho' hortig wie e Wanze
E Ascheberger Kumbeer in die Hend'!
Uff alle Gasse un in jedem Wertshaus drinne
Sein se ze finne!

Mer mecht' als glaabe, von dem viele Wannern
Vergißt mer gor zu leicht, wohi' mer g'hert,
Mer schickt sich ganz von selber in die annern,
Weil mer uff die Ort noch am beste fährt,
Un sou, glaabt mer, kennt'mer verlerne nach un nach
Sei' eigeni Schprach'!

Es is ni' wohr! Des wär'n mer grad' die Rechte,
Die Sort, die hab' ich dick, des is gewiß,
Wou hääm kumme und Fremde schpiele mechte,
A redt' halt, wie dei' Maul gewachse is!
Mit solche dolle Schoute hab' ich nix zu schaffe,

Mit solche Affe!

Sei' Heimatschprach', die kammer ni' vergesse,
Die folgt äm nach uff jedem Schritt un Tritt,
Un biste zeh' Johr' uff'm Nordpol druff gesesse,
Du bleibst 'n Kumbeer, willste oder nit!
Un wie's de Grouße gäiht, grad' sou gäiht's aach de Klääne,

Mer sollt's nit määne!

Genug fer heit! Fer was dann des Gebabbel!
Mir Ascheberger sein e eigeni Sort',
Mer redde iwwerall nach unserm Schnawwel
Um kä' Häärche anners, schad' fer's Wort!
Wer uns ni' mog, sou wie mer sein, - jou, mir kann's passe! -
Soll's bleibe lasse!

O du guti alti Zeit!

Wenn de Schramme Anton uff de Mäbrück' drunne
nach'm Mittagesse an de Brüstung leit,
Hert in Bort mer 'n brumme un oft garschtig schenne
uff die gottverflixte schlechte neie Zeit.

»Houl' de Deifel glei' die dumme neie Faxe,
was se Neies mache, is all' iwwerzwerg,
Aus 'm Dämmer kammer doch kän' Schtädter mache,
un aus Leider werd kä' Lebtog Ascheberg!

Soll de Deifel glei' die neie Mäbrück' houle,
wou mer mittags sich sein ganze Bauch verschtaucht,
Weil zu brääät die Brüstung un zu scharf die Ecke,
weil die neie Mäbrück' äfach nix mehr taugt!

Oh, wer bringt mer doch die gute alte Zeite,
unser altes Ascheberg nochmal zerick,
Wou mer Hinnern, Ellebougen, Daschemesser,
Alles blank gewetzt hot uff de alte Brück'!

Route Sandschtäbrück', o dehste glei' verrecke,
In de Brüstung bleibt mer mit de Schtiffel schtecke,
Will mer's Messer wetze, is de Schtä zu sandig,
Will mer'n Mage wärme, is die Eck' zu kantig,
Duht mer was, wou sonst nix wor debei,
Werd mer uffgeschriebe von de Bollezei!

Jou, fer was dann brauche mer 'en grouße Hafe,

Unser kläner duht noch lang ni' iwwerlaafe,
Un ich - pfeif' der uff den neie Dreckkanal,
Unser Schelch, die schwimme von allä zu Tal!

Oh, wer bringt mer doch die gute alte Zeite,
unser altes Ascheberg nochmal zerick,
Wou mer Hinnern, Ellebouge, Daschemesser,
Alles blank gewetzt hot uff de alte Brück'!«

Die letzte Leinreiter

Klipp klapp, klipp klapp
Schebbert's dorch die Schtraße,
Alles guckt und reckt die Kepp',
Bube und Frabrase.

Macht ner uff die Fenster schnell,
Macht ner uff 'n Lade,
Hert mer nit die Reiterei,
Sein des nit Soldate?

Kummt e ganz klä' Wächelche
Mit zwä derre Haider,
Houch im Sattel owwedruff
Seitlings hockt de Reiter.

Hot sei' Klebche schebb im Maul,
Hot 'n blaue Kittel,
Schläft gemietlich uff sei'm Gaul,
Merkt nix vom Gerittel.

Grouße derre Schinnersgäul
Alt und wundgeschunne,
Zieche an de Batzeschtrick,
Schlampig zammgebunne.

Hame, Anker, Sääl' un Kett'
Lieche drin im Wache,
Eßgescherr un Futtersäck',

Wääß Gott was fer Sache!

Un am Wache hinne dran
Hänge noch zwä Haider,
Schlorche mied' de annern nach,
Kumme kaum mehr weiter.

Guckt ner nach dem dolle Zug,
Merkt Eich die Geschtalte,
Seht se heit zum letzte Mal,
Sein nimmehr zu halte!

Klipp klapp, klipp klapp
Zieh'n die miede Haider
Jetz' 'n Lehergrabe 'nab:
Leinreiter worn's von Leider!

Am Mä

Draus uff'm Sand da leit e Schelch,
Den hot de Wind verschlage,
Zwä Kumbeer duhn mit lange Bääm'
Sich scho' e Weilche plage.

Ganz langsam ritscht de Nache blouß
Im diefe gääle Sand,
Doch endlich dricke se des Oous
Bis 'nab an Wasserrand.

Am alte Leintritt schtäiht e Herr,
Guckt zu, was die da mache
Un ruft dann: »*Hert, ihr liebe Leit',*
Was schaffter mit dem Nache?«
De Mathes, der hot nix gesagt,
Er hot sich blouß gebickt,
Sei' brääte Achsel angesetzt
Un an sei'm Schelch gedrickt.

De Brückefranz schpuckt dorch die Zähn'
Verächtlich nach de Seit'
Un schennt: »*Scheel Schinnos, siehste nit,*
Deß unser Schelch uffleit?!«
De fremde Herr hot laut gelacht
Un hot kä' Wort gesagt,
Beim Fortgeh'n riwwelt er sei' Hend',

Es hot'm Schpaß gemacht.

De Mathes schtumbt'n Brückefranz:
»Wie kummste mer dann vor?
Du Kühaag', wäässte dann noch nit,
Daß des de *Kenig* wor?«

»Was de nit sagst!! Ei krieg' die Krenk'
Den hob' ich ni' gekennt!
Der kann sich gratelier'n - beinah'
Hett' ich mei' Maul verbrennt!

Zum gute Glick wor ich noch nit
In mei'm Fohrwasser drin,
Mathes, ich bin der werklich froh,
Deß ich ni' grob wor'n bin!«

Saubere Fieß

's Jouseppche leit newwer'm Vadder sei'm Bout
Un sunnt sich im griene Gras,
Er beißt in sei' Keilche Butterbrout
Un schnuffelt dezu mit de Nos'.

"Ja Jouseppche sag', was is dann mit dir«,
Säigt de Lehrer ganz freindlich und sieß,
»Ich wääß, was de sunst fer e Dreckwiwwel bist,
Du host ja heit' blitzblanke Fieß'!«

's Jouseppche fährt mit'm Rock iwwer's G'sicht
Un hot in sein' Broutkeil gebisse:
»Mei' Mudder is schuld! Ich hob'er In Schticht
Voll Sauerkraut einstampe misse!«

Abgewunke

Am Fensterbrett im Sunneschei'
Da liegt e alter Knopp,
Er schnorcht ganz laut und kratzt debei
Sei alte graue Kopp.

"Du Kumbeer, schläfste oder nit?
Ich hett' e ganz klääni Bitt',
Es is e eilig Sach'!« -
»Du siechst doch, deß ich wach'!«

»Na deste besser! Dann glei' lous:
Mich drickt ä klääne Schuld,
Pump' mer uff heit' drei Taler blouß,
Bis morge hab' Geduld!«

De Kumbeer schnorcht am Fensterbrett,
Er sägt, als wenn er Taglohn hett':
»Laß mer mei' Ruh', du Schaf!
Du herst doch, deß ich schlaf'!«

Verfehlt

De Geiger's Schorsch, die Schwinde Lies',
Die hawwe sich verschproche,
Sie sein scho' uffgebote wor'n
Un heiern nächsti Woche.

De Pfarrer redt noch mit de Lies':
"Duht's Bete ni' vergesse!
Seid brav un orndlich, kriegt kän' Schtreit!«
"Mir ham uns gern zum Fresse!«

Dann hat die Lies' in äner Tour
Blouß von ihr'm Schorsch verzählt;
Da fragt de Pfarrer: »Habt er eich
Aach bisher nie verfehlt?«

»0 mei', Herr Pfarrer«, sagt die Lies',
»Ich will's glei' eingeschtehe,
E änzig's Mol, vorgestert nacht
Sou um e halber Zehe.«

»Was wor do lous?«
Da wollte mer Minanner zammekumme;
Ich wor allä schuld, deß die Sach'
E sou dumm's End' genumme!

's wor alles so schöi' ausgemacht,
Kä' Mensch hett' uns gesehe,
Wer hett' dann aach an des gedacht!«

»So sag', was is geschehe?«

»Ich sollt' blouß warte am Scharfeck,
Ich kennt' mich druff verlasse,
Um halber zehe wär' er do,
Ich sollt' ner uff'n basse.

De Schorsch wouhnt in de Fischergaß',
Ich hab' ni' warte möge,
Ich war scho' vorher zwazzelig,
Drum gäih ich 'm entgege.

Des wor mei' Unglück, wor mei' Schuld!
Nä sou was Dumms! Kä' Wunner,
Er kummt In Löhergrabe ruff,
Ich gäih'n Windfang nunner!
Ich seh' kän' Schorsch, er siecht kä' Lies',
Sou wor's, wie ich's verzählt,
Des wor es erscht' un letzte Mol,
Deß mer uns verfehlt!«

E Sunndagsmorge

Zu 'em Sunndagsmorge da g'hern Sunneschtrahle
Un schöi' Glockeläute un e Kaffeeschaale
Un 'n Kaffeedippe mit'm grouße Henkel
Un zum Kaffeedunke frische Bubeschenkel
Un e lange Peife un zwä warme Schlappe
Un 'n Schlafrock un e schöini Zippelkappe.

Nach 'm Kaffee dann gehert e guter Droppe:
Zu 'em Sunndagsmorge g'hert e Weinfriehschoppe,
Sou 'n Klingeberger, sou 'n Rödelseer,
Sou 'n Hörschtäner , ja, der duht's scho' eher,
Sou e Weinche, wou äm uff de Zunge bitzelt,
Sou e gutes Drebbche, wou 'n Gaume kitzelt,
Un e Kimmelstöllche g'hert zum Weinfriehschoppe,
Doch e Rachebutzer g'hert in Kouhlegroppe.
Is de Mage dann e bisje uffgetaut,
Dann e Haspelche im hääße Sauerkraut
Oder e Selbstgeschlachtes aus'm Räucherschlout
Un viel Schnittlauch uff 'm grouße Butterbrout
Oder e Brisje oder aach e zortes Rippche,
E poor Essiggerkche aus 'm Einmachdippche,
E poor hääße Bratwerscht', wou im Fett schöi schwit-
ze,
E poor Knobeline, wou recht saftig schpritze,
Oder mittedrin in de Sardellesous

E ganz kugelrunder dicker Lewwerklous.

Zum Bediene dann gehert e jung' schöi' Mädche,
Sou e Malche, Liesche, Lenche oder Kätche,
Denn zum Trinke mecht' mer aach 'was Schöines sehje
Un vergißt vor Andacht leicht uff's Kerchegehje,
Um halb zwä Uhr dann, das derf mer ni' vergesse,
Is 's allerhöchste Zeit zum Mittagesse.

Duht die Fraa dehäm' äm noch entgäigelache
Schtatt beim Esse äm alsfort 'n Kopp zu mache,
Dann verdufte glei' an sou'm Sunndagsmorge
Alle böise Laune, alle dumme Sorge,
Sou'n Sunndagsmorge is e wohrer Sege,
Un ich sag' Eich: »*Wunnerschö' is Dreck degege!*«

Uff de Parad'

Will sich's Mädche zeige
In sei'm Sunndagsschtaat,
Gäiht's beim Zwelfeläute
Schtolz uff die Parad'.
Nobel uffgedunnert
Schteigtse wie e Pau,
Un sie werd bewunnert
Un beguckt genau,
Un dann gibt's zu babbele, zu klatsche un zu rede,
Un dann fängt die Musik an mit Pauke un Drumbeede.
Dann kummt *Er* geschtiege
Wie e Deiberich,

Deckelt voll Vergniege,
Ihr gibt's glei' 'n Schtich,
Er schenkt ihr e Rösje,
Sie macht 'em 'n Knix,
Sie kriegt route Bäckche,
Babbele duh'n se nix,
dann winke, zwinkern se un schpinne leis ihr' Fäde,
die Musik schpielt dezu mit Pauke un Drumbeede.

Un die liebe Mudder
Guckt ganz selig zu,
Bis de schtrenge Vadder

Merkt des dumm' Geduh
»Laß den Gischpel laafe,
Geb der ner kä Mieh',
Duh' erscht driwwer schlafe,
Des is kä' Partie!«
dann gibt's Geflenn', Geheil un grouße Schwulitäte,
de Alt' fährt zwische 'nein mit Pauke un Drumbeede.

Dann siecht mer e Weilche
Sie im Sunndagsschtaat
Wie e einsam' Veilche
Allä' uff de Parad';
Er dehäm voll Sorge
Ochst den Kopp sich voll,
Weil er nächste Morge In's Exame soll;
Un darin gibt's zu babbele, zu klatsche un zu rede,
Er is glicklich dorchgeplumpst mit Pauke un Drumbeede,

Widder nach 'm Weilche
Zeigt sich in ihr'm Schtaat
Unser einsam Veilche
Schtolz uff de Parad'.
Un dann kummt geschtiege
E neier Deiberich,
Deckelt voll Vergniege,
Ihr gibt's glei' 'n Schtich,

Un dann winke, zwinkern se un schpinne leis ihr' Fäde,

Un dann gäihts von vorne an mit Pauke un Drumbeede.

Vom Eh'schtand

Vom Eh'schtand hert mer alleweil
Viel gut und schlecht Gebabbel.
Mir kummt der Eh'schtand immer vor
Grad' wie e schöiner Appel.

Mer guckt'n an und sagt:
Wie schöi'! (Grad' wie im Paradies),
Doch wenn mer 'neinbeißt, schmeckt er halt
Halb sauer und halb sieß.

Un manchmol is er halber faul,
Un manchmol ganz kaput,
Un manchmal hockt e Wermche drin,
Un selten is er gut.

Zeigt *mir* 'mol sou 'n Appel her,
E rechtes schöines Kind,
Dann laaf' ich grad' nit glei' devou',
Dapp' aach nit hi' geschwind.

Lieb' Kind, sag' ich, ich hett' e Bitt',
Laß mich 'mol beiße blouß,
Än Appelschnitz, mehr mog ich nit,
Ganz is er mer zu grouß.

Die schwere Mahne

Herrschaft, is die Mahne schwer!
Schorschje, helf' mer, kumm schnell her,
Bring' mer aach 'n Kringel
Schwerer als 'n Krumbernsack
Un ich wääß nit, ob ich's pack',
Helf' mer hebe, Schlingel!

Rechts pack' ich, un links packst du,
Vorwärts Schorschje, greif' ner zu,
Jedes nimmt 'n Henke,
Wenn dich aach dei' Hendche drickt,
Lach' dezu, un duh' geschickt
Houch die Mahne schwenke!«

Un die Mudder ruft blouß: Hopp!
Un de Korb schtäiht uff'm Kopp,
Zwischendrin de Kringel,
Leicht trägt se die Mahn' nach Haus,
Schorschje hippt un lääft voraus,
Un er lacht, der Schlingel!

Trifft dich 'mol e grouße Last,
Un de mechst verzwazzle fast,
Wenn de se sollst hebe,
Hilft scho äner dir dezu,
Und dann trägste se in Ruh'

Oft dorch's ganze Lebe!

De Reißmathias

De Michel hot im häßße Schtä'
Sei' Werkschtatt un Quartier,
Un zwickt's 'n noch so in de Bä',
Er gäiht doch zu sei'm Bier.

De Reißmathias ziecht'n krumm,
Er autscht die ganze Woch',
Doch abends sou um Finfe 'rum
Da schlorcht er in's kalt' Loch.

Un frägt'n äner, wie's 'm gäiht,
So säigt er: »Könnt' ni' klage,
Wenn's Zipperle ni' zwicke deht,
Wär's Lebe zu ertrage.

Filzdappe hab' ich, reib' un schmier',
Trag' dicke Schtrümp' un Mutze,
Was hilft's, wenn ich mei' Zehje schpier'?
Des Zeig hot all' kän' Nutze.

Zeh' Johr' plagt mich scho' die Geschicht',
Da lernt mer, was Geduld is!
Es hert ni uff, es zwickt un schticht,
Der Deifel wääß, was schuld is!«

»Was schuld is? Michel, des mecht halt
Die annere Demberadur,
Bald sitzte hääß, bald sitzte kalt,

Was hilft da jede Kur?

Jetz' hot der's Reiße in de Bä',
Un wunnert sich dann noch:
Am Tag hockt er im hääße Schtä'
Un nachts im kalte Loch!«

E Errlicht

Am Schtiftsberg drowwe schtäiht e Haus,
Da schenkt mer gute Schoppe aus,
Von morgens frieh bis abends schpät
De Drobbe dorch de Gorgel geht;
Die schennste Leit' aus alle Schtend',
Die reiche sich beim Wein die Hend'
Un hocke ouhne Schtreit un Zank
Friedlich beisamm' uff äner Bank.
Doch schlägt es än Uhr in de Nacht,
Dann werd die Wertschaft zugemacht,
Die Bollezei schneid' ab den Dorscht,
Un Käner kriegt e Extraworscht.

Glaab' mer ner käner die Geschicht',
Es wär manchmol noch länger Licht,
Denn sichste werklich sou 'n Blitz
Nach än Uhr dorch 'n Laderitz,
Des is e Errlicht, Hexerei,
Schlag' schnell e Kreiz un gäih' verbei!!
Doch wenn de an die Hausdiehr' kloppst
Un an de Hausdiehrschelle roppst,
- Kä'm Christemensch ich's rate will -
Dann is es drinn ganz touteschtill,
Mer hert kä Schterbeswertche rede,
Die Diehr verschlosse und die Läde,

Blouß dorch den äne Laderitz
Da schimmert manchemol e Blitz,
Mer riwwelt's Aag' vor dem Gefunkel
Un wupp! Da is es widder dunkel!
Ich sag' Eich, folgt mer nit dem Schein,
Sonst könnt'er leicht geliffert sein,
Geschpenster hocke drin beim Schoppe
Un trinke schtill ihr Geisterdrobbe.

Doch wie ich neilich gäih' verbei,
Treff' ich än von de Bollezei,
Da blitzt grad' aach des Oouselicht;
Ich guck' dem Mann fest in's Gesicht
Un frag'n: »Sie, is des gewiß,
Deß des da drin e Errlicht is?«
Der guckt mich ganz vergeistert ou,
Drouht mit'm Finger un gäiht devou.

Oho! Aha! Denk' ich, da guck',
Der wääß 'was Näh'res von dem Schpuck,
Doch wenn e Errlicht gibt kä' Ruh',
Da drickt er scheint's zwä Aage zu.
Die Bollezeischtund - halt Eich dran!
Gäiht blouß uns Menschekinner an,
Da hilft kä' Schpreize un kä' Wimmern,
Blouß Errlichter, die derfe flimmern,
Blouß Geister derfe nachts sich rege,

Wann's ihne paßt, so lang sie möge!

Doch wie die Sach' wor mit dem Licht,
Des is un bleibt e doll' Geschicht':

Geschpuckt hat's 'mol uff alle Fäll',
Doch kummt mer's Errlicht beinah' vor,
Als wenn's e abgeschied'ne Seel'
Von 'eme Magistratsrat wor!

's Worschtprinzeßje

Uff'm schwarze Leddersopha
Mit de weiße Borzellanknepp'
Blotscht mit nuffgeschtilpte Ärmel
Bräät un faul die Metzgermästern
Wie e groußer dicker Fettfleck,
Pätzt die Lippe zamm recht protzig,
Hot die Brille uff de Nase,
Un mit ihre fette Finger
Hältse elleweit glei' von sich
Houch die »Ascheberger Zeitung«,
Liest andächtig, wer geschtorbe,
Wer gebor'n un wer verdorbe,
Wou e Metzelsupp, e Schlachtfest,
Wou e Hochzeit, wou e Saumarkt,
Un was halt so intressant is
Fer die dicke Metzgermästern. -

Nach de Stuwwediehr dann gucktse
Iwwer ihre Brillegläser,
Denn die Diehr, die hot e klänes
Fensterche als hämlich Guckloch
Mit 'm routgeblimmte Vorhang,
Un dorchs Guckloch siechtse drauße
In ihr'm schöine Metzgerslade
Ihr verhätschelt' uffgedunnert,

Zuckersießes liebes Lenche,
Aach gehääße Worschtprinzeßje,
Mit ihr feuerroute Bäckche,
Mit ihr'm freche Himrnelfohrtsnäsje,
Wie se grad' 'm feine Herrche
Mit 'm nuffgezwerbelte Schnorrbort
Unner sieße Liebesseifzer
Schneidt fer finfundzwanzig Pennich
Hausgemachte Dorchenanner. -

Un die Metzgermästern schmunzelt,
Wie se siecht des feine Herrche,
Freit sich, weil ihr sießes Lenche
Hat so nobele Bekanntschaft
(Denn es is e Adeliger,
Sou 'e Ort von Gutsbesitzer,
Gäiht manchmol 'naus in die Forschtschul',
Un mer säigt er wär' von Frankfort).
Ja, ihr Lenche, des kann's mache,
Wor drei Johr' lang bei die Nunne,
Ja, die kann sich sehje losse
Un fährt Rad und hat Klavierschtund'
Un die Hauptsach': wenn se heiert,
Kriegtse mit 'n dicht'ge Brocke!
('s hot noch käner angebisse,
Hot kä' Eil', er werd scho' kumme!) -

Un die Metzgermästern schmunzelt,
Wie ihr sießes Worschtprinzeßje
jetz' dem feine noble Herrche
Von ihr'm beste frische Schinke
Uffschneidt, anschtatt Schwartemoge,
Un zum Abschied ruftse zärtlich
Sieß dem Herrche nach dorch's Guckloch:
»Herr Baron, winsch' gute Morge!« -

Glei' druff kummt die alte graue
Fraa Kanzleirat 'nein in Lade
('s is e kinnerlose Wittwe,
Sääilegut, wohnt in de Schtägaß'),
Un sie frägt des schöine Lenche,
Ob se hett' kän' frische Schinke.
Doch des sieße Worschtprinzeßje
Ziecht e saures schebbes Mäulche,
Zuckt die Achsel, rimpft 'es Näsje,
Un bevor se ebbes 'rausbringt,
Kreischt die Mudder aus 'm Zimmer:
»Duht mer lääd, es gibt kan' Schinke!«
Un 'es Lenche lääft in's Zimmer,
Schmeißt die Diehr' zu, daß es schebbert,
Un läßt schtehje die Fraa Rätin,
Hockt sich zu ihr' liebe Mudder,
Un sie duschele' un lache,
Un sie kichern leis minanner,

Weil se sich so gut verschtäihe,
Weil se sein ä Herz, ä Sääile
Hinnerm routgeblimmte Vorhang
Uff'm schwarze Leddersopha
Mit de weiße Borzellanknepp'.

De dicke Moppes

»Du guck' emol den Moppes do!
Nä, des is der e Hund!
Vor lauter Bauch siecht mer kä' Bä',
Der hot sei' verzig Pund!

Un des klä' Keppche! Was er schnorcht,
Es werd äm angst un bang,
Sei' Zunge hängt 'm aach noch 'raus,
Als wär's 'm viel zu lang!«

»Sei' Zunge wär' zu lang?
Niwohr! Da fehlt's nit bei dem Knorz,
Sei' Zung' wär' em scho' recht, ich glaab',
Sei' Kopp is 'm zu korz.«

Adchee, Herr Landrichter

De Hannes muß niwwer uff's Landgericht,
Es hot in äner verklagt,
De Richter macht e strenges Gesicht,
Dann hot er zu em gesagt:
»Geschtäih' is glei' ein, sonst biste verlor'n,
Sechs Woche schtäih'n wäinigstens druff,
Du host'n Michel grob angefohr'n:
»Schaf, schteig mer in Buckel nuff!«

»0 mei, Herr Landrichter, jetz' is genung,
Was macht de Michel fer Schträäch'!
Des is unner uns kä Beleidigung,
Des sage mer sou im Geschpräch;
Schteig 'n Buckel mer nuff, des is zum Vergleich
Grad' so, als saget ich jetz' iwwer Eich:
Adchee, Herr Landrichter!«

So sagt er, nimmt sei' Kappe und gäiht,
An de Diehr' hat er nochmol sich umgedräiht:
»Adchee, Herr Landrichter!«

Die Handschuh'

De Glabicher' Franz werd als Zeige vernumme,
Da muß es halt aach bis zum Schwöre kumme,
Des is ja die Hauptsach' bei dere Geschicht',
Un ouhne des Schwöre da gäb's kä Gericht.

De Richter sagt: »Hebese uff jetz' die Hand
Un guckese mich an ganz unverwandt!
Die Unwahrheit, wissese, kummt an den Tag,
Drum passese uff un schpreche mer nach: -

Was seh' ich dann do? ja, potz Element,
Ich glaab', der hot Handschuh' gor an de Hend
Ganz blitzblooe Handschuh' wie nobele Herr'n!
Glei' zieh'nse se aus! Sou kammer nit schwör'n!«

»Verehrter Herr Rat, des kann ich Eich sage,
E änzig's Mol hab' ich blouß Handschuh' getrage,
's wor sellemol', wou ich mei' Alte geheiert,
Hernachert hab' ich se in's Eck gefeiert!

Da lichesee bis an ihr selig End'!
Ich hob' kä' Handschuh', ich hob' blooe Hend',
Zwä blitzblooe Kloutsche', Schtick fer Schtick,
Un schaff' in de Buntpapierfabrik!«

Abgeblitzt

Zwä Forschtpollacke eingehenkt,
Die Kappe in de Anke,
Die siecht mer an 'm Sunndag frieh
Vom Bahnhof 'reinwärts wanke,
Lang wor die Nacht, dick sein die Kepp',
Die Aage glänze wie die Knepp',
Sie fuchtele mit ihre Schtöck',
Un langsam kumme se vom Fleck,
Sie wackele und schlorche
Am helle Sunndagsmorge.
Vorm Wecklade da schtäih'n se schtill
Un linze' dorch die Scheibe,
Sie wolle mit dem Bäcker drin
'n kläne Bosse treibe.
Sie gucke nunner, gucke nuff:
»Warum gäih'n dann die Weck' nit uff?
Sie, sein die Dinger uff dem Brett
Dann werkliche Dreipennichsweck?
A jesses, awwer nä,
Was sein die Weck' so klä'!«
jetz' fährt de Bäcker aus sei'm Haus
Un läßt sein' Zornegickel aus:
»Warum die Weck' nit gäihe uff?
A tret' die Nacht nit so viel druff

Läigt eich in eire Better
Schtatt uff die Kuchebretter!
Laaft uff'm Weg schtatt uff de Weck',
Verdrickt mer nit mei' ganz Gebäck,
Sunst kriegt er in die Sunndagsweck'
Gebacke eiern Werktagsdreck!
A tret' halt nit so druff,
Dann gäih'n die Weck' scho' uff!
Dann wer'n die Weck' scho' gröißer!
Verschtanne-vous, ihr Öiser?!«

Die Ratt'

E rechter häässer Summerdag!
Im Freie trifft äm fast de Schlag
Vor lauter Hitz'; 's is Esseszeit,
Ganz korz bevor es Zwelfe läut';
Die Herschelgaß' ganz schtill und leer
Als wenn se ausgeschtorbe wär;
Die liebe gute Sunn' allä
Brennt siedhääß uff die Plasterschtä'.

So weit mer guckt, da is nix lous,
E fauler Eckeschteher blouß
Schtäiht uff sei'm altgewohnte Fleck
Grad mitte uff'm scharfe Eck,
Un newwer 'm hockt e räud'ger Köder,
E falsches Oous, e Schwerenöter,
Der kratzt un schruppt sich ungeniert
Da, wou er ebbes jucke schpiert,
Ganz schläfrig duht er um sich gucke,
Fährt Schlitte, gähnt un schnappt nach Mucke.

Selbst uff de schmälste Hausdiertrepp'
Da siecht mer mit verschlaf'ne Kepp'
Ganz eng die Bauernweiber sitze
Un unnerm weiße Kopptuch schwitze;
Die schtelle all' ihr' Kerb' an's Haus,
Blechdibbcher, Brout guckt owwe 'raus

Un was se in de Mahne trage,
Un alles wart' uff's Zwelfeschlage.
Es sin noch finf Minutte blouß;
Doch paßt ner uff, jetz' gäiht's glei' lous!

Die Sandgaß' nuffwärts, vom Scharfeck
Rechterhand zwä Häuser weg,
Da leit grad' zwischen Vochel Schtrauß
Und zwischen Jochemi sei'm Haus
E schmales Reilche, kaum zu sehje
Fer die, wou dran voriwwergehje,
E Holzdiehr' mecht's nach vorne zu,
Die kennt e jeder Gassebu'. -

- Un jetz' paßt uff! Aus sellem Reil
Kummt jetz' 'was 'raus, es guckt e Weil',
Es schnubbert, blinzelt in de Sunne,
Dann is es scho' die Sandgaß' drunne
Un hockt grad' mitte in de Schtadt
Am scharfe Eck: *E groußi Ratt'!*
Des is was fer den Eckeschteher!
Er muckst sich nit, die Ratt' kummt näher,
Jetz' schtumbt' er 'n Köder mit sei'm Bä,
Peift ganz beducht' leis dorch die Zähn'
Un macht blouß: »Gsch! Gsch! Pluto faß!«
Der siecht die Ratt', verschtäiht käin' Schpaß
Un schterzt sich wietig in äm Saus

Jetz' uff die arme Rattemaus!

Die lääft de Herschelgasse zu,
Rennt, Bummsdich! an 'n *Schusterbu'*
Un duht nach seine Wade schnappe,
Der schmeißt glei' druff mit seine Schlappe,
Die Ratt' fährt unnerm Köder weg
Un saust zerrick an's scharfe Eck
Als um den Eckeschteher 'rum,
Der schtrampelt, peift un lacht sich krumm,
De Schusterbu' kreischt dorch die Schtadt:
»Laaft! Haachtse tout! E Ratt'! E Ratt'!«

Jetz' wimmelt's scho' aus alle Ecke
Mit Bese un mit Auskloppschtecke:
Dort aus de Diehr' kummt mit'm Bengel
E uffgeschossener *Ladeschwengel,*
Un aus 'm grouße Warehaus
Da rennt e Jüngelche schnell 'raus
Mit Löckelcher un krumme Nas'
Un schwingt sei' langes Ellemaß.
Die *Bäckerbube*, die sein frech,
Sie dunnern mit ihr'm Kucheblech;
E dicker *Metzger* kummt geschwind
Mit seine alte Schpatzeflint'
Un brüllt ganz laut: »Platz! Platz! Ich kumm'!«
Un fuchtelt mit sei'm Ladschtock 'rum.

Doch käner hert und käner siecht,
Un jeder rennt, deß er se kriegt:
»Die Ratt'! Die Ratt'!" »Schorsch, fang' se uff!«
»Da lääftse!« »Hopptse'!« »Haach' doch druff!«
»Anton, verquetsch'se!« »Seppel, helf'!« -
- Da schlägt es uff de Schtiftskärch' zwelf! -
0 arme, arme Rattemaus,
Ich glaab', jetz' is es mit der aus! -

Mit blaue Scherz' un dreckige Kappe
Siecht mer aus alle Gasse dappe
Die *Maurer* jetz' zum Mittagesse,
Die sein glei' uff die Ratt' versesse,
Un hortig kumme se gerennt
Un schpucke alle in de Hend'.
Die *Tincher* kumme jetz' mit Schtange
Un wolle aach des Luder fange,
Die *Plastrer* mit ihr Sammethouse,
Die pfeife, haache, schtumbe, stouße
Un alles kreischt laut dorch die Schtadt:
»Laaft! Haachtse tout! E Ratt'! E Ratt'!«

Zum Unglick fer de Rattemaus
Sein jetz' aach noch die Schule aus!
Von unne ruff da kummt's geschwenzelt
Un voller Neugier angetänzelt:
Die *Töchterschul'*, 'n Haufe Mädcher

Mit ihre helle Summerklädcher,
Die duh'n sich ferchte vor dem Lerm
Un schpanne uff ihr' Sunneschärm.
Von owwerunner awwer schterme
Die *Bube* jetz', die kreische, lärme,
Schulranze, Köcher, Lineal
Wern Schild un Schpieß jetz' uff ämol,
Un alles lääft, un alles lacht
Un denkt blouß an die Rattejagd.
Die arme Ratzmaus in ihr'm Schreck,
Die saust jetz' dorch die Weiberröck',
Die Weiber kreische, Mädcher biebse,
Die kläne Kinner hert mer quickse,
De Forschtpollacke kummt, o Graus,
Aach noch ihr groußer *Korhund* aus,
Der schterzt sich 'nein ins Publikum
Un schmeißt 'n alte Bauer um,
Der fällt de Bube in die Kralle,
Am Bodde gibt's e mord's Gezawwel,
Un jeder krabscht schnell nach 'm Appel.
E *Köchin* kummt bei der Geschicht'
Uff ämol aus 'm Gleichgewicht,
Un mitte 'nein, grad in die Geier
Da fliegt ihr Henkelkorb voll Eier,
Sie kreischt grad 'naus aus voller Kehl',
Die ganze Schtraße färbt sich gääl,

Un alles lääft glei' zamm voll Schreck
Un drängt sich um den gääle Fleck.

Un immer ärger werd die Eng'
Un immer dicker des Gedräng',
E *Kutscher* knallt un schennt, ja Schnecke,
Er bleibt mitsammst sei'm Wache schtecke!
Jetz' kummt von alle Seite bei
Die vielgeplagte *Bollezei,*
Drei Mann houch kumme se gerennt,
Sie frage wichtig, wou's dann brennt,
Un laafe nunner, laafe nuff
Un sause 'rum un schreibe uff.
Jetz' von de Dalbergschtraße her
Da kumme *Schreiber, Sekretär*
Un aach 'n Haufe *Gymnasiaste*
Mit Bicher un mit Geigekaste,
Un alles lääft an's scharfe Eck
Un guckt sich an den gääle Fleck.
Zuletzt kummt ganz verschwitzt un matt
E *Schtadtvatter* vom Magistrat,
Er drängt sich wichtig dorch den Haufe,
Er rudert mit de Arm, duht schnaufe
Un wischt sich von de Schtern die Drobbe
(Beim Zimmermann wor Wei'frühschoppe);
Glei' fragt er, was es gewwe hat,

De Schutzmann meldt: »*Herr Rat, e Ratt'!*«

Un was wor mit de Ratt' geschehe?

Kä' Deifel hot se mehr gesehe,

Die hot genug von denne Bosse

Un is ganz hämlich dorch die Gosse

'nab in e diefes Dohl gehippt.

Da hocktse drin un denkt betribbt:

»Wer schitzt die Unschuld? Wou gibt's Recht?

0 Menschevolk, was biste schlecht!

Ich hab' genug jetz' fer e Weil',

Wär' ich ner widder in mei'm Reil'!«

Die viele Leit' sein unnerdesse

Nach alle Seite hääm zum Esse,

Die Herschelgaß' werd schtill un leer,

Als wenn gor nix gewese wär',

Die liebe gute Sunn' allä

Brennt siedhääß uff die Plasterschtä'.

Soweit mer guckt, da is nix lous,

De faule Eckeschteher blouß

Schtäiht uff sei'm altgewohnte Fleck

Grad mitte uff'm scharfe Eck,

Un zärtlich datschelt' er sein' Köder:

»Schöi hoste's gemacht, du Schwerenöter!

Jetz' sag mer ner noch äner blouß,

In Ascheberg da wär' nix lous,

Bei sou 'm Schpaß, des muß ich sage,

Vergißt mer leicht sein leere Mage!«

Die Palmekätzje

»Nä, is der des e schöiner Tag!
Horch, wie die Vechel singe!
Heit', wenn ich kennt, ich deht', wääß Gott,
In unserm Garte schpringe!
Die Georschine bliehe scho,
Die Nägelche', die rieche,
Gäih', Anselm, setz' dein' Schtrouhut uff
Un laß die Arbeit liege.
Gäih 'naus un sei mer nit sou lahm
Duh' Friehlingsluft draus kneipe,
Such' Veilcher, schlag In Borzelbaam,
Die Sunn' scheint dorch die Scheibe!
Un setz' dich uff die Gartebank,
Da gibt's jetz' Palmekätzje,
Gell, bring' mer sou 'n Bischel mit,
Es is mei' Lieblingsplätzje!«

Sou sagt die Theres zu ihr'm Mann
Un schwingt ihr Bicheleise,
Der ziecht sein' Ausgehflittich an,
Kann's Lache kaum verbeiße.
»Red' ni' so viel, ich gäih' ja scho',
Un kumm' nit aus'm Häusje,
Ich bring' der aus'm Garte mit
E Palmekatzesträußje!

Un mit 'm Abendesse gell,
Da brauchste nit zu warte!«
So sagt er, schteckt sei' Pfeife ou
Un gäiht - in Hoppegarte.

*

Es wor e warme Friehlingsnacht,
Da hert mer laut än schnorche
Uff seiner Fraa ihr' Lieblingsbank,
Es war scho' gäige Morge.
Die Palmekätzje nicke'm zu
Ganz dicht vor seiner Nose,
Die Friehlingsluft wor gor zu schtark,
Die hot'n umgeblose!
Sei' Fraa hot'n in's Bett gebracht,
Un was hot er ihr mitgebracht?
Frieh von ihr'm Lieblingsplätzje;
In Kater schtatt die Kätzje!

Rege bringt Sege

Gäih' ich 'mol die Schosseh 'naus,
Kumm' ich an e Bauernhaus,
Guck' ich 'nein,
Alles fein,
Schöi' un kloor beinanner,
Neigebaut aus route Schtä,
Alles sauber, wunnerschö',
Un des Vieh,
Sakradi!
Schenner äns wie's anner!

Gäih' ich aach am Schtall verbei,
Schtäih'n der do in äner Reih',
Eng und dicht
Ausgericht',
Uffgestellt die Dippe,
Guck' ich in In Dippe 'nein,
Nix als Milch, zum Deixel nein!
's gibt noch Geld
Uff de Welt,
's Herz mecht' äm do hippe!

Da uff ämol - wer denkt dran? -
Fängt's ganz schö' zu regne an,
Plitsch, platsch,
Gibt's 'n Tratsch,

Die Dippe hawwe kä' Deckel,
's tratscht in alle Kanne 'nein,
De Bauer lacht, als mißt's so sein,
Un in Ruh'
Guckt er zu
Mit de Hend' im Seckel.

Un ich Äisel bin sou dumm,
Frag' den Bauer: »Du, warum
Draus die Kann'
Läßte dann
Mit de Milch im Rege?«
Doch der zwinkert mit sei'm Aag':
»Is der des e dummi Frag'!
Warum?
Darum!
Grad' von dessentwege!«

Wer beim Pansche werd verwischt,
Der kummt in e böis Geschicht',
Dem gäiht's schlecht,
G'schieht'm recht
Grad' von dessentwege,
Doch wer sich uff Gott verläßt,
Un 'n Himmel pansche läßt,
Der bringt's weit
Mit de Zeit; -

Rege, der bringt Sege!

Die Nunn

An de Achedkärch'
Is e Nunnebild;
Wie ich neilich des bei Tag betracht',
Hot e Gossebu'
Mit 'm Kouhleschtift
Dere traurig' Nunn' 'n Schnorr'n gemacht.
Un ni' weit devou
Is e Wei'wertschaft,
Wou mer 'n Wein noch schenkt ganz ungemischt,
Un da hab' ich halt
In deselbe Nacht
Um e Werfche' blouß zu viel verwischt.

An de Achedkärch'
Is e Nunnebild,
Wie ich des in seller Nacht betracht',
Hot's 'n Schnorrbart noch kouhlrabeschwarz,
Un die Nunn' - die hot dezu gelacht!

E doll's Geläähf

Er gäiht ni' grad', er gäiht ni' krumm,
Er schnappt aach nit, knappt aach nit um,
Er wackelt nit, er gäiht ni' schtääf,
Korzum. Er hot e doll's Geläähf,
Wenn er gäiht in die Juddeschul'
Um siwwe Uhr in's Entepuhl.

»Ja sagt mer ner, was hot der Mann,
Wie lääft er dann, wie gäiht er dann?«
»Ja, was er hot? Zwä linke Fieß',
's Davidche, des is gewiß!
Un wie er gäiht? Was mer so segt
»Wie gäiht er dann?«
»Gor nit! Er scheecht!«

E Sozi

Jetz' houn se mich aus de Fabrik
Ganz äfach 'nausgeschmisse!
Des is der doch e schtarkes Schtick!
Des sollter mer noch bieße!
Wart ner, mer treffe scho' noch zamm',
Ihr nobele Bratefresser!
Gleicheit muß sei'! Ich sei vun Damm',
Jawoll! un hou' e Messer!

Jetz' hou' ich lang genug geschafft,
Jetz' werd nix mehr getou',
Von morge an werd bloo gemacht,
Des gäiht kä' Mensch was ou'!
Ich bin e Ast am schtarke Schtamm!
Ich mach' die Welt noch besser!
Ich bin e Sozi, sei vun Damm,
Jawoll! un hou' e Messer!

Jetz' kaaf' ich mer e rout' Krawatt',
Rout' Sacktuch in die Dasche,
Gäih' iwwer'n Schteg 'nei in die Schtadt
Un trink' e guti Flasche!
Un dann -, dann haach' ich alles zamm',
Schteck' an die Pulverfässer!
Gleicheit muß sei'! Ich sei vun Damm,
Jawoll! un hou' e Messer!

Am Schpessartlug

Am Schpessartlug da hock ich gern
Un guck' grad naus in's Blaue,
Von nah' bis in die weit'ste Fern'
Gibt's Schöines blouß zu schaue.

De Aussichtstorm vom Kugelberg
Duht freindlich zu mer blinke,
Ganz dunkelblau die Schpessartberg
Siecht mer ganz hinne winke.

De griene Schmerlebacherwald
Rauscht schltolz mit seine Buche,
Termche von Johannesberg,
Des brauchste nit lang suche.

Von Hösbich duht manch' Ziecheldach
Sou freindlich zu mer schpitze,
Da lääft die Aschaff sauber noch,
Ganz silbern duht se blitze.

's Korn schtäiht schöi', de Klee blieht rout,
De Mais duht sich scho' schtrecke,
De Reps guckt dorch 'es Wiesegrien
Mit goldig gääle Flecke.

Die Sunne scheint vom Himmel blau
Uff all' des klä' Gewimmel,
Sie scheint mer mitte uff'n Bauch,

Ich mään', ich wer' im Himmel!

Hock ich allä uff seller Bank
Un träum' mit off'ne Aage,
Dann denk' ich - ja, was denk' ich dann?
Des kann ich Eich nit sage!

Ich denk' mer blouß: Wer zuviel denkt,
Des Schinnos sollt' mer henke,
Heit' bin ich blouß zum Gucke do
Un laß die annern denke!

Doch äns, des hot de Schpessartlug,
Des will mer ni' gefalle,
Un wenn ich an des Plätzje kumm',
Schteigt mer als uff die Galle.

Die Schpessartbank, die macht mer Qual
Wie kaum e annerer Ort,
Denn wenn ich hikumm' - *jedesmol*
Hockt scho' äner dort!

's Hellche

Im Schwoihi'er' Wald da wääß ich e Hellche
Glei' newwer'em frische Felsequellche,
Von dem hert mer die Leit' als sage
Da hette sich 'mol zwä Freind erschlage,
Un weil es nachts immer hett' so gewimmert,
Hett' mer des Hellche dort gezimmert,
Seitdem da wär' gesiehnt de Mord
'es Hellche wär' e sicherer Ort
Fer alle Leide, alle Schmerze,
Wou annere hawwe uff'm Herze.

Letzthi' da kumm' ich halt aach an des Quellche
Querdorch'n Wald grad' an des Hellche,
Do hot de Schorsch die Lies' im Arm
Un kißtse ab! Mir werd's ganz warm!
Ich hab' mich hinner'en Busch gebickt
Un mich ganz leisje beiseit' gedrickt,
Bin umgekehrt un nix wie fort:
'es Hellche is e sicherer Ort
Fer alle Leide, alle Schmerze,
Wou annere hawwe uff'm Herze.

Pfeifedeckel!

Die Lebensweg' gäih'n grad' un schebb,
Bald nuff, bald widder nunner,
Der ä schwimmt immer owwe weg,
Der anner, der sinkt unner.
Un winkt der 'mol 'es gröißte Glick,
Glaabst scho', du hest's im Seckel,
Uff ämol dräiht sich schnell de Wind:
Ja Schnecke! Pfeifedeckel!
Die Tag' gäih'n rum, die Zeit verfliecht,
Bald kumme aach die Falte,
Un eh' mer sich ner recht versiecht,
Gehert mer zu de Alte!
Ich reiß' mer drum die Hoor' nit 'raus,
Ich laß' mei' Hend' im Seckel,
Fer was dann aach! Ich wääß warum!
Ja Lottche! Pfeifedeckel!
Ner äns gibt's, an dem halt' ich fest,
Des laß' ich mer ni' schtehle,
Humor, wenn du mich ni' verläßt,
Kann's gor so weit ni' fehle!
Un winkt mer de Hatschieretisch,
Bin ich e alter Seckel,
Setz' ich doch zu de junge mich
Un sog' blouß: Pfeifedeckel!

Un jetz', jetz' kummt de letzte Vers,
De letzte von de Schprich',
Dann mach' ich unnern letzte Reim
'n grouße dicke Schtrich.
Un wenn än's glaabt, ich hett' no'mehr
Gedichter in mei'm Seckel,
Dreh' ich mei' Housedasche 'rum:
Ja Hutzel! Pfeifedeckel!

Abschied

Mir duht's nimmehr gefalle
Dehäm, wääß Gott, warum!
Ich duh' mei' Bind'l schnalle
Un guck' mich drauße um.

Des äiwig' Ruhighocke,
Des schtäiht mer bis an Hals,
Ich mach' mich uff die Socke,
Ich gäih' jetz' uff die Walz'!

Un fort bin ich geloffe,
Im Tüchelche mei' Sach',
Die Welt schtäiht bouhleoffe,
Wer mit will, laaf mer nach!

Hab' manche schöine Rouse
Gefunne in de Dörn',
Hab' mich aach oft geschtouße,
Ich hab' 'n harte Knern!
Ich hab' mich 'neingefunne
Ins Wannern un ins Fohr'n,

Mei' Häämweh is verschwunne,
Bin selbst e Fremder 'wor'n!
Was redtste da fer Sache?
Ich glaab', du hast gedicht'!
Hast bei'm Kalennermache

Dich selber jetz' verwischt!

Mach' Posse! Wär' noch ärger!
Des glaabste selber nit!
Du bleibst 'n Ascheberger,
Willste oder nit!

tredition®

Über tredition

Eigenes Buch veröffentlichen

tredition wurde 2006 in Hamburg gegründet und hat seither mehrere tausend Buchtitel veröffentlicht. Autoren veröffentlichen in wenigen leichten Schritten gedruckte Bücher, e-Books und audio-Books. tredition hat das Ziel, die beste und fairste Veröffentlichungsmöglichkeit für Autoren zu bieten.

tredition wurde mit der Erkenntnis gegründet, dass nur etwa jedes 200. bei Verlagen eingereichte Manuskript veröffentlicht wird. Dabei hat jedes Buch seinen Markt, also seine Leser. tredition sorgt dafür, dass für jedes Buch die Leserschaft auch erreicht wird.

Im einzigartigen Literatur-Netzwerk von tredition bieten zahlreiche Literatur-Partner (das sind Lektoren, Übersetzer, Hörbuchsprecher und Illustratoren) ihre Dienstleistung an, um Manuskripte zu verbessern oder die Vielfalt zu erhöhen. Autoren vereinbaren direkt mit den Literatur-Partnern die Konditionen ihrer Zusammenarbeit und partizipieren gemeinsam am Erfolg des Buches.

Das gesamte Verlagsprogramm von tredition ist bei allen stationären Buchhandlungen und Online-Buchhändlern wie z. B. Amazon erhältlich. e-Books stehen bei den führenden Online-Portalen (z. B. iBookstore von Apple oder Kindle von Amazon) zum Verkauf.

Einfach leicht ein Buch veröffentlichen: **www.tredition.de**

Eigene Buchreihe oder eigenen Verlag gründen

Seit 2009 bietet tredition sein Verlagskonzept auch als sogenanntes "White-Label" an. Das bedeutet, dass andere Unternehmen, Institutionen und Personen risikofrei und unkompliziert selbst zum Herausgeber von Büchern und Buchreihen unter eigener Marke werden können. tredition übernimmt dabei das komplette Herstellungs- und Distributionsrisiko.

Zahlreiche Zeitschriften-, Zeitungs- und Buchverlage, Universitäten, Forschungseinrichtungen u.v.m. nutzen diese Dienstleistung von tredition, um unter eigener Marke ohne Risiko Bücher zu verlegen.

Alle Informationen im Internet: **www.tredition.de/fuer-verlage**

tredition wurde mit mehreren Innovationspreisen ausgezeichnet, u. a. mit dem Webfuture Award und dem Innovationspreis der Buch Digitale.

tredition ist Mitglied im Börsenverein des Deutschen Buchhandels.

Dieses Werk elektronisch lesen

Dieses Werk ist Teil der Gutenberg-DE Edition DVD. Diese enthält das komplette Archiv des Projekt Gutenberg-DE. Die DVD ist im Internet erhältlich auf **http://gutenbergshop.abc.de**